# Über den Tellerrand

## Lokal kochen – global genießen

**Hampp**Verlag

# An diesem Buch haben mitgearbeitet:

Abrahat Ghebregirgis ◆ Adis Alibasic ◆ Ainealem Jamtew ◆ Akberet Andegrangis ◆

Alex Pvikac ◆ Alexander Betz ◆ Alexander Stegmaier ◆ Aleyna Simsek ◆ Ali Demir ◆

Almas Telle ◆ Amine Akyün ◆ Anastasios Oxisidis ◆ Andre Stegmaier ◆ Anja Feldmann ◆

Anja Jobst ◆ Anja Stauch ◆ Ankica Spehar ◆ Anmor Snykalova ◆ Anna Smykalova ◆

Anne-Katrin Bechstein ◆ Anne-Maria Sontheimer ◆ Annika Schneider ◆ Ante Tojac ◆

Arash Zibamanish ◆ Artis Krievins ◆ Aster Abdama ◆ Aster Goitom ◆ Aytekin Celik ◆

Bang Nguyen ◆ Benjamin Hintz ◆ Berhane Telle ◆ Bettina Schäfer ◆ Beylul Telle ◆

Beyza Simsek ◆ Cäcilia Demir-Schmitt ◆ Carmela Bellebueno ◆ Carnnele Cocci ◆

Cecilija Nuvler ◆ Celine Heuser ◆ Chantal Scardigno ◆ Christa Muraro ◆ Christian Harn ◆

Christian Rechtenwald ◆ Christoph Dicenta ◆ Daniel Schmid ◆ Daniela Steudel ◆

Denis Schütze ◆ Deniz Can Ögretmen ◆ Domenico De Palma ◆ Dominik Grund ◆

Drosia Pliacha ◆ Duong Thi Bich Van ◆ Eda Düzgün ◆ Edi Delic ◆ Edi Kadic ◆

Efklidis Pavlidis ◆ Efrem Adem Solomon ◆ Eleni Konstantinou ◆ Elina Geller ◆

Elina Steudel ◆ Elisa Basch ◆ Elke Jobst ◆ Elke Muraro ◆ Elsa Ghebregirgis ◆

Elvin Kadic ◆ Emine Günen ◆ Ender Demac ◆ Eric Lipp ◆ Ernst Grund ◆

Fetzum Woldegherghis ◆ Fikret Demirbilek ◆ Fikri Günen ◆ Franziska Nöh ◆

Freweini Woldegherghis ◆ Gefsi Pashalidou ◆ Güldane Ögretmen ◆ Hanna Duppel ◆

Hannah Yebio ◆ Harsha Kumar ◆ Hatice Akyün ◆ Hatice Özer ◆ Hatice Özkaya ◆

Hava Demirbilek ◆ Heike Stegmaier ◆ Hilal Özer ◆ Ibrahim Yildiz ◆ Idris Afsin ◆

Ilias Kemanitzis ◆ Irini Chatziantoniou ◆ Irini Exussidou ◆ Isabelle Werner ◆

Jamit Ghirmay ◆ Jessica Stangl ◆ Johny Varsami ◆ Judith Muraro ◆ Jürgen Blümlein ◆

Kahsli Tsehaye ◆ Karin Besa ◆ Karolin Deger ◆ Katerina Iliadou ◆ Kevin Cuenca ◆

Kim Hauser ◆ Kiriakos Oxisidis ◆ Konstantinos Exouzidis ◆ Larissa Halla ◆

Laurine Barthelay ◆ Lemlem Atoweberhan ◆ Lukas Lambrecht ◆ Mahir Moser ◆

Mahmut Oguz ◆ Marco Reilen ◆ Maria Prokofyeva ◆ Marie Brahner ◆ Medina Beric ◆

Mehari Atoweberhan ◆ Mehmet Demirbilek ◆ Melek Günen ◆ Melika Beric ◆ Melina Jusic ◆

Melisa Karabegovic ◆ Meral Sagdic ◆ Merima Ravnsak ◆ Merve Demirbilek ◆

Micha Weber ◆ Mikal Abraha ◆ Mikesch Blümlein ◆ Mikhail Smykalov ◆ Mina Özer ◆

Minela Ravnsak ◆ Mirela Dzafic ◆ Monika Grund ◆ Muamer Karic ◆ Muhammed Özkaya ◆

Mümine Özer ◆ Mustafa Beric ◆ Nadine Werner ◆ Nail Akyün ◆ Nalin Summakate ◆

Nathalie Fulrich ◆ Nikita-Sofie Herr ◆ Oliver Müller ◆ Özge Göcer ◆ Pascal Ehlebracht ◆

Patrick Fulrich ◆ Paul Rinnert ◆ Paulina Pecherkin ◆ Pham-Ngoc Huynh ◆

Phan-Lam Huynh ◆ Philipp Huy Nguyen ◆ Rafael Demir ◆ Rahwa Solomon ◆

Rainer Mayerhoffer ◆ Ray Earl Biermann ◆ Rijad Ravnsak ◆ Rim Goitom ◆ Roman Koltun ◆

Rümeysa Özkaya ◆ Saba Woldegherghis ◆ Sabrina El Battikhi ◆ Said Akyün ◆

Sakira Günen ◆ Samuel Kleinschmidt ◆ Sandro Kelesiadis ◆ Sara Demirbilek ◆

Sara Seyfried ◆ Sara Swistun ◆ Sascha Kaupp ◆ Sascha Keßler ◆ Sead Selmanovic ◆

Sebastian Grund ◆ Sefa Düzgün ◆ Sema Kilinc ◆ Severin Grund ◆ Si-Lam Nguyen ◆

Silke Schneider ◆ Silvan Ögretmen ◆ Si-Thanh Nguyen ◆ Slavia Prokofyera ◆

Sofia Parassoglou ◆ Solmon Abdama ◆ Sophie Stamer ◆ Stefan Bauer ◆ Stefanie Frach ◆

Stefanija Samardzic ◆ Stjepan Basic ◆ Sven Daubenfeld ◆ Tanja Reißer ◆

Tekip Ghebregirgis ◆ Thai Hai-Lang ◆ Thomas Jehnichen ◆ Timo Swistun ◆

Tjaven Steudel ◆ Tobias Ellinger ◆ Tobias Schmiedberger ◆ Tommaso Dell'Azapzete ◆

Ulrike Schimann ◆ Vera Tarkalj ◆ Virginia Ruiz Alarcon ◆ Vladimir Schilling ◆ Warlos Telle ◆

Yakup Özkaya ◆ Solomon Yemane ◆ Zeklgi Jebessay ◆ Zübeyir Özkaya

# Vorwort

Liebe Leserin, lieber Leser,

das vorliegende Kochbuch ist das Ergebnis eines gelungenen Experiments, die Vielfalt der Lebenswelten und Esskulturen von Kindern, Jugendlichen und Erwachsenen in einem interkulturellen Kochprojekt zu verknüpfen. Die auf diese Weise entstandenen Speisen und Köstlichkeiten werden vom Stadtjugendring Stuttgart, dem Dachverband von über 50 Stuttgarter Jugendverbänden, -gruppen und -initiativen, in dieser Rezeptsammlung präsentiert.

Inspiriert vom Frankfurter Kochbuch der Kulturen, rief der Stadtjugendring 2009 seine Mitgliedsorganisationen auf, sich jeweils mit einer anderen Jugendgruppe zusammenzuschließen und interkulturelle Kochaktionen durchzuführen. Ziel war es, Räume für gegenseitiges Kennenlernen und gemeinsame Aktivität rund um das „Kochen" zu schaffen, und die Ergebnisse für ein Kochbuch zu dokumentieren. Die Vielfalt der im Stadtjugendring vertretenen Gruppen wurde dazu angeregt, in Kochevents landestypische Lieblingsspeisen, aber auch Freizeit- und Zeltlagergerichte gemeinschaftlich zuzubereiten, sich dabei über typische Besonderheiten von Migranten- und Jugendverbänden auszutauschen und schließlich die zubereiteten Speisen gemeinsam zu genießen.

Der Appell zum interkulturellen Kochen stieß auf großes Interesse. An dem Projekt beteiligten sich knapp 200 Kinder und Jugendliche aus 24 Mitgliedsorganisationen. In sehr kreativen und erlebnisreichen Kochaktionen, die von den Jugendleitungen der Gruppen gestaltet wurden, wurden einheimisches wie auch exotisches Gemüse, Fisch, Fleisch, Milch- und Getreideprodukte in Gemeinschaft zerkleinert, gekocht, gegart, gestampft, gebacken und gebrutzelt. Zubereitet wurden fast 100 Rezepte aus allen Kontinenten, von Vorspeisen wie Salaten und Suppen über Hauptgerichte, Beilagen und Snacks bis hin zu Süßspeisen und Gebäck. Diese Rezepte, zum Teil mit den Originaltiteln in der jeweiligen Muttersprache aufgeführt, sind im Buch den einzelnen Jugendgruppen zugeordnet, die für die Zubereitung in den Kochaktionen federführend verantwortlich waren. Die unterschiedliche Art, wie die Zubereitung der Speisen beschrieben ist, spiegelt die Vielfalt der beteiligten Gruppen und Kulturen wider.

Wir bedanken uns bei allen am Projekt beteiligten Kindern und Jugendlichen, Gruppen und Verbänden und bei den Jugendleitungen, die am Entstehen dieses Kochbuches aktiv mitgewirkt haben. Wir bedanken uns beim Restaurant *Diva* und bei der Karl-Kloß-Jugendbildungsstätte, die uns – ohne eigene Beteiligung am Projekt – ihre Küchen zur Verfügung gestellt haben. Ganz besonders danken wir dem Hampp-Verlag für die freundliche Unterstützung und Begleitung während der Entstehung dieses Kochbuches.

Wir wünschen allen Leserinnen und Lesern viel Freude damit und viel Spaß beim Nachkochen!

Ihr
Stadtjugendring Stuttgart

# Inhaltsverzeichnis

# Einleitung

**„Über den Tellerrand" – ein interkulturelles Projekt des Stadtjugendrings Stuttgart**

## Die Projektidee

Die Stadt Stuttgart ist bundesweit als interkulturelle Stadt bekannt, hier leben und arbeiten Menschen aus über 170 Nationen zusammen. Im Stadtjugendring Stuttgart bildet sich diese gesellschaftliche Vielfalt ab. Mehr als ein Drittel der Mitgliedsverbände sind Migrantenvereine, hier steht der Stadtjugendring Stuttgart bundesweit einzigartig da. Die interkulturelle Arbeit im Stadtjugendring hatte ihre Anfänge 1980, und wurde in den letzten Jahrzehnten konsequent fortgeführt. Der Stadtjugendring hat diese Vielfalt in einem Kochbuchprojekt aufgegriffen und das Projekt „Über den Tellerrand" durchgeführt, eins von vielen erfolgreichen Projekten im Bereich der interkulturellen Arbeit im Dachverband der Jugendverbände, dem Stadtjugendring.

Grundüberlegung des Projekts war die Tatsache, dass viele Vereine im Kochen sehr versiert sind und darüber hinaus ihre eigene Kultur damit ausdrücken. Schon von Anfang an war klar, dass mit „Kultur" nicht nur die Herkunftsnation gemeint sein kann. Daher haben auch Vereine an diesem Projekt teilgenommen, die sich nicht per se als Migrantenverein definieren. Kulturen können sich unterschiedlich ausdrücken, sei es die „Computerkultur", „Skateboardkultur", „Pfadfinderkultur" oder vieles mehr, sie alle sind in diesem Kochbuch neben den „Herkunftskulturen" der Migrantenvereine gleichrangig vertreten. Ein interkulturelles Kochbuch, gemeinsam geschaffen von vielen unterschiedlichen Vereinen, das gab es zwar schon in Frankfurt, aber noch nicht in Stuttgart – dem wollte der Stadtjugendring Abhilfe schaffen.

Das Ergebnis des Projekts halten Sie in ihren Händen: Ein Kochbuch voller Rezepte und Ideen, das von völlig unbekannten Gerichten bis hin zu Klassikern einen ausgesuchten Überblick über die jeweilige Kochkultur gibt.

## Die Projektgruppe

Die Beteiligung von Kindern und Jugendlichen aus den einzelnen Vereinen am gesamten Entstehungsprozess dieses Kochbuchs war das Besondere an diesem Projekt. Von der Rezeptauswahl, dem Einkauf der Zutaten, der Zubereitung der Gerichte, dem Verfassen der Rezepttexte bis hin zu Absprachen über das Layout waren sie in die Arbeit am Buch verantwortlich eingebunden. Wichtig war dabei auch die Arbeit innerhalb der Vereine. Die Kinder und Jugendlichen wurden von Älteren in den Vereinen unterstützt und beraten. Daraus ergaben sich Generationen übergreifende Aspekte, sodass vom Kleinkind bis zu den Großeltern alle Altersklassen an diesem Kochbuch mitgearbeitet haben.

Über ein Jahr hat eine ehrenamtliche Projektgruppe von knapp 30 Personen aus den einzelnen Vereinen die Erstellung dieses Buches mit Rat und Tat und vielen kreativen Ideen begleitet. Sei es die Bildauswahl oder der Titel des Buches, alles Wesentliche wurde in regelmäßigen Projekttreffen abgesprochen und entschieden. Viele Rezepte wurden in den einzelnen Treffen den anderen vorgestellt. Externe fachliche Unterstützung kam seitens des Hampp-Verlags, der von Anfang an mit der Projektgruppe zusammenarbeitete.

## Die Kochaktionen

Die einzelnen Kochaktionen wurden in der Projektgruppe festgelegt, die Paarungen ergaben sich meist zufällig, daher kamen in den Kochaktionen Vereine zusammen, die im verbandlichen Alltag oft nicht viel miteinander zu tun hatten. Die Vereine konnten selbst entscheiden, ob sie ihre Rezepte an einer oder mehreren Aktionen zubereiten.

Insgesamt gab es 16 Kochaktionen, die Paarungen der einzelnen Kochgruppen sehen Sie hier in zeitlichem Ablauf. Dies ist auch die Reihenfolge im Rezeptteil dieses Buches:

- AFS – Interkulturelle Begegnungen Komitee Stuttgart und die Kultur- und Sozialinitiative für Kinder und Jugendliche in Stuttgart (KSI)

- Jugendgruppe des Sport-, Kultur- und Kunstvereins Bosnien und Herzegowina „Goldene Lilien" und das Kreisjugendwerk der Arbeiterwohlfahrt (zwei Kochaktionen)

- Dialog-Forum Stuttgart und die Eritreische Jugend Stuttgart

- Jugendwerk der AWO Württemberg und die Vietnamesische Gemeinschaft in Stuttgart und Umgebung (VGS) (zwei Kochaktionen)

- Bund der Pfadfinderinnen und Pfadfinder e. V. (BdP) Stamm Feuerreiter Stuttgart und die Jugendgruppe „Pontiaki Estia" (zwei Kochaktionen)

- Christlicher Verein Junger Menschen (CVJM) und die Jugendgruppe des kroatischen Kulturvereins „Velebit"

- Deutsche Jugend in Europa – „Egerländer Sing- und Tanzkreis Stuttgart" und die Eritreische Jugend Stuttgart

- ROJ – Russische Orthodoxe Jugend und die Trachtenjugend Stuttgart

- Dialog-Forum Stuttgart und die Naturfreundejugend Stuttgart

- Bosnische Jugendgruppe „Mladi Biseri" und die Evangelische Jugend Stuttgart-Wangen

- CPA – Christliche Pfadfinderinnen und Pfadfinder der Adventjugend Stuttgart und das Skateboardmuseum Stuttgart

- Bund der Katholischen Jugend Stuttgart – KJG Stammheim und Shackspace Stuttgart, der Stuttgarter Hackspace

- Alevitische Jugend Stuttgart und ARCES – Verein für Freizeitgestaltung, Europa-Kulturen und Sport

Jede Kochaktion war so gestaltet, dass die ausgesuchten Rezepte den anderen vorgestellt wurden. Davor gingen die jeweiligen Kochgruppen einkaufen, um alle Zutaten während des Kochens parat zu haben. Hier waren viele Vereine in internationalen Spezialitätenläden unterwegs, um auch jede noch so exotische Zutat zu bekommen. Teilweise kamen die Zutaten direkt aus den jeweiligen Ländern oder über den Versandhandel, wenn sie in Stuttgart nicht erhältlich waren. Falls dies gar nicht gelang, haben die Verantwortlichen passende Ersatzzutaten verwendet und dies in den Rezepten vermerkt.

Jedes Rezept wurde zusammen mit Personen aus dem jeweils anderen Verein nachgekocht, damit ein Austausch stattfinden konnte. Eventuelle Änderungen der Rezeptur während der Kochaktion wurden genau dokumentiert, um das endgültige Rezept festzulegen. Die Kochaktionen selbst wurden zusätzlich filmisch und fotografisch festgehalten.

Nach dem Kochen wurden von jedem Gericht jeweils eine Portion für das Rezeptfoto arrangiert, meist noch unterstützt durch den Fotografen, der hier mit professionellem Blick eine große Hilfe war. Die Kochaktionen waren aber neben dem Ausprobieren der Rezepte und der Erstellung des Bildmaterials auch Vereinsfeste beider Kochgruppen. Aus den einzelnen Vereinen waren die Mitglieder eingeladen, die Gerichte nach dem Kochen gemeinsam zu essen, sich zu unterhalten, auszutauschen und zu begegnen. Diese Begegnungen waren geprägt durch großes Interesse an der anderen Kultur, sodass Kontakte und Freundschaften entstanden sind, aber auch die Lust, sich auch nach dem Projekt „Über den Tellerrand" weiterhin zu treffen und gemeinsam zu kochen.

# AFS – Interkulturelle Begegnungen Komitee Stuttgart

Interkulturelle Bildung für Jugendliche und junge Erwachsene seit über 60 Jahren – das ist der AFS! Als gemeinnützige Austauschorganisation vermitteln wir Gastaufenthalte für Schüler und junge Erwachsene in über 40 Ländern.

Für das interkulturelle Kochbuch haben wir einen Gastschüler aus Malaysia gebeten, uns landestypische Rezepte zu verraten. Malaysia ist ein Vielvölkerstaat, dort leben Malaien, Inder, Chinesen und viele andere Kulturen miteinander.

Malaysia ist zwar islamisch geprägt, aber auch andere Religionen sind fest verwurzelt: Hinduismus, Sikhs, Buddhismus, Taoismus, Konfuzianismus und Christentum.

Diese große Vielfalt der Kulturen und Traditionen findet sich auch in der malaiischen Küche wieder. Doch egal in welcher Variante – das malaiische Essen ist gut gewürzt und scharf. Auf dem täglichen Speisezettel steht eigentlich immer Reis, dazu gibt es Fisch oder Fleisch und Gemüse.

Wenn man bei Malaien zu Hause eingeladen ist, werden Tee und etwas zum Essen serviert. Das gehört zur malaiischen Gastfreundschaft.

# Nasi Lemak

## ZUTATEN für 4 Personen

– 2 Tassen Langkornreis

– 2 Tassen Wasser

– 2 Tassen Kokosmilch

– 1/4 TL Ingwerpulver

– 2 TL Ingwerwurzel, geschält und dünn
   geschnitten

– 1 Lorbeerblatt

– etwas Salz

– 4 Eier

– 1 Gurke

– 1 Tasse Öl

– 1 Tasse Erdnüsse, frisch

– 80 g Sardellen, gesalzen

– 2 TL Öl

– 3 Gemüsezwiebeln, gewürfelt

– 3 Knoblauchzehen, gehackt

– 4 Schalotten, gehackt

– 2 TL Chilisauce (Sambal Oelek)

– 1 TL Salz

– 3 TL Zucker

– 1/4 Tasse Tamarindenpaste

1) In einem mittelgroßen Topf den Reis mit Wasser, Kokosmilch, gemahlenem und frischem Ingwer, Lorbeerblatt und etwas Salz aufkochen und ca. 20 bis 30 Minuten leicht köcheln lassen, bis der Reis bissfest ist.

2) Die Gurke in Scheiben schneiden. Die Eier hartkochen, abpellen und halbieren.

3) In einer Pfanne oder einem Wok die Erdnüsse bei mittlerer Hitze in Öl anbraten. Die Erdnüsse rausnehmen und auf Küchenpapier überflüssiges Fett abtupfen. Danach in derselben Pfanne die Sardellen (Anchovis) knusprig anbraten. Ebenfalls rausnehmen und trocken tupfen. Dieses Öl nicht mehr weiterverwenden, da sich darin meist noch Erdnussschalenhaut befindet.

4) Die Zwiebeln, den Knoblauch und die Schalotten kurz anbraten. Die Chilipaste zugeben und unter Rühren 10 Minuten braten. Falls die Mischung zu trocken ist, etwas Wasser zugeben. Dann Salz, Zucker und Tamarindenpaste und etwa die Hälfte der Sardellen (Anchovis) unterrühren. Das Ganze dann ca. 10 Minuten kochen lassen, bis es eindickt.

5) Normalerweise wird das Gericht dann in ein Bananenblatt gewickelt und erhitzt. Wir geben zuerst den Reis auf ein Teller, übergießen an einer Stelle mit der dicken Sauce, garnieren den Reis noch mit den Erdnüssen, den fritierten Anchovis, den Gurkenscheiben und dem Ei. Das Gericht wird typischerweise mit den Fingern gegessen, indem man immer etwas Reis mit Sauce und den Beilagen vermischt und in den Mund schiebt.

# Sambal Udang

## ZUTATEN für 2–3 Personen

- 1 EL Tamarindenpaste
- 8 kleine Schalotten
- 4 Knoblauchzehen
- 8 Macadamianüsse, geröstet
- 2 TL trockene Shrimppaste
- 4 EL Chilisauce (Sambal Oelek)
- 2 Tomaten, gewürfelt
- 1 Zwiebel, gewürfelt
- 2 TL Palmzucker
- Salz
- 600 g rohe Tigerprawns, geschält

1) Die Tamarindenpaste in einer Tasse Wasser vollständig auflösen.

2) Schalotten, Knoblauch und Macadamianüsse grob zerkleinern und im Mörser mit Shrimppaste und Sambal Oelek zu einer homogenen Paste rühren. Diese Masse in einer heißen Pfanne scharf anbraten, bis sich nach ca. 3 bis 5 Minuten ein Ölfilm absetzt.

3) Tomaten- und Zwiebelwürfel, die aufgelöste Tamarindenpaste und den Palmzucker dazugeben und mit Salz abschmecken. Kurz köcheln lassen, bis die Tomaten gar sind. Die Tomaten mit einer Gabel zerdrücken und alles ziehen lassen, bis eine sämige Konsistenz erreicht ist.

4) Die Garnelen dazugeben und einige Minuten garen lassen.

5) Die Pfanne vom Herd nehmen und ca. 10 Minuten warmstellen, damit die Garnelen das volle Aroma aufnehmen können.

6) Das Gericht wird mit Nasi Lemak (siehe vorhergehendes Rezept) serviert.

# Mie Goreng

## ZUTATEN für 4 Personen

– 4 EL Limettensaft

– 1 EL Fischsauce

– 2 EL Palmzucker

– 4 EL Ketjap Manis

– 300 g Reisnudeln, ungegart

– 1 EL Erdnussöl

– 1 EL Sesamöl

– 600 g Hähnchenbrustfilet, in mundgerechte Stücke geschnitten

– 4 Frühlingszwiebeln, fein gewürfelt

– 4 Knoblauchzehen, zerdrückt

– 1 kleine rote Chilischote, gehackt

– 120 g Weißkohl, in Streifen geschnitten

– 2 EL Korianderblätter

– 2 grüne Chilischoten, in Streifen geschnitten

1) Limettensaft, Fischsauce, Palmzucker und Ketjap Manis in einer Schüssel vermischen. Die Nudeln nach Packungsanleitung zubereiten, anschließend das Wasser abgießen.

2) Einen Wok stark erhitzen. Erdnuss- und Sesamöl miteinander mischen und in den Wok geben. Das Hühnerfleisch portionsweise anbraten, dann herausnehmen. Die Frühlingszwiebeln, den Knoblauch und die klein gehackte Chilischote dazugeben und ca. 1 Minute unter Rühren anbraten.

3) Nun den Weißkohl in den Wok geben und weitere 2 Minuten garen. Die Nudeln, die Limettensaftmischung und das Fleisch hinzufügen und alles noch einmal kräftig erhitzen.

4) Mit Korianderblättern garniert servieren. Zum Nachschärfen die grünen Chilistreifen in einer kleinen Schüssel dazu servieren.

# Couscous

## ZUTATEN für 6 Personen

- 3 Kohlrabi
- 500 g Möhren
- 500 g Hähnchenbrustfilet
- Öl
- Pfeffer, Salz
- 1 große Zwiebel, gewürfelt
- 2 Paprikaschoten (rot, gelb oder grün)
- 3 Knoblauchzehen, gepresst
- 1 Wirsing, in Streifen geschnitten
- 1 große Dose Tomaten (850 ml)
- Ras el hanout
  (Gewürzmischung aus Marokko)
- 800 ml Wasser
- Brühe, gekörnt
- 800 g Couscous
- evtl. etwas Butter

1) Das Fleisch in Würfel schneiden. Den Kohlrabi und die Möhren putzen, abspülen und in Scheibchen schneiden. Das Fleisch mit dem Öl in einer großen Pfanne scharf anbraten. Mit Salz und Pfeffer würzen, aus der Pfanne nehmen und zur Seite stellen. Im Bratensatz das klein geschnittene Wurzelgemüse und die Zwiebeln anschwitzen. Dann die Paprikastreifen und den Knoblauch hinzugeben.

2) Den in Streifen geschnittenen Wirsing zufügen und alles etwa 5 Minuten bei mittlerer Hitze köcheln lassen. Danach mit dem gesamten Inhalt der Tomaten-dose verrühren, mit dem marokkanischen Gewürz „Ras el hanout" *(dt. Chef des Ladens)* nach Geschmack würzen und auf kleiner Flamme ca. 30 Minuten köcheln lassen. Eventuell etwas Wasser hinzufügen.

3) Nun das Fleisch hinzufügen und im Gemüse erwärmen. Mit dem Wasser und der gekörnten Brühe eine Gemüsebrühe herstellen. Den Couscous damit übergießen und abgedeckt ziehen lassen. Nach Geschmack ebenfalls mit etwas „Ras el hanout" würzen oder etwas Butter einrühren.

4) In einer großen Schale in der Mitte den Couscous anrichten. Um den Couscous die Gemüse-Fleisch-Mischung geben. Alternativ zum Hähnchenfleisch können auch andere Fleischsorten genommen werden, beispielsweise Lamm oder Rind. Aber auch mit Fisch schmeckt das Gericht sehr gut.

# KSI – Kultur- und Sozialinitiative für Kinder und Jugendliche in Stuttgart

Die Kultur- und Sozialinitiative existiert seit 1988 im Stuttgarter Osten. Politisch neutral und konfessionsfrei unterstützen wir die persönliche Entwicklung von Kindern und Jugendlichen mit Angeboten wie Deutschunterricht, Schülernachhilfe, türkischen Volkstänzen, Hip-Hop-, Gitarren-, Salsa- und SAZ-Kursen.

Wir haben an diesem Kochbuch mitgewirkt, weil wir die Meinung vertreten, dass die Kultur eines Landes durch seine Küche erst richtig sichtbar wird. Die Gerichte stammen aus der Schwarzmeer-Region in der Türkei und sind landesweit sehr beliebt.

Man sagt der Bevölkerung der Schwarzmeer-Region nach, dass sie eine große Vorliebe für eine bestimmte Art Fische hegt (dem sog. Schwarzmeer-Hamsi). Und tatsächlich gibt es dort unzählige Rezepte und Variationen zur Zubereitung von *Hamsi*, egal ob gedämpft, in Salz eingelegt, gefüllt, gebacken oder im Tontopf. Die Zubereitung als *Pilaw* ist die bekannteste Variante.

Dazu gibt es *Teigröllchen*, *Hirtensalat* und die klassische Süßspeise *Tel Kadayıf Tatlısı* aus rohem Fadenteig. Diese ist in jedem türkischen Laden zu finden und darf bei keinem Festessen fehlen.

Hamsi sind auf Vorbestellung in den meisten größeren türkischen Spezialitätengeschäften erhältlich. Ersatzweise können auch frische Sardellen oder Anchovis genommen werden.

# Çoban Salatası – Hirtensalat

## ZUTATEN für 4 Personen

- 1 Salatgurke
- 200 g türkischer Schafskäse (evtl. Feta-Käse)
- 1 Fleischtomate
- 2 Frühlingszwiebeln
- 1 Bund Petersilie
- 1 Chilischote
- 1 Paprika
- 1 Knoblauchzehe
- 1 Handvoll schwarze Oliven
- 1 Zitrone
- 4 EL Olivenöl
- Salz und Pfeffer

1) Die Gurke waschen, trocken tupfen, der Länge nach vierteln und in dünne Scheiben schneiden. Den Schafskäse grob würfeln. Die Tomate waschen, vierteln, entkernen und fein würfeln. Die Frühlingszwiebeln putzen, abspülen und klein schneiden. Die Petersilie grob hacken. Die Chilischote und die Paprika abspülen, Stielansatz und Kerne entfernen, die Knoblauchzehe abziehen und die Oliven entkernen. Alles fein würfeln.

2) Die Zutaten in eine Schüssel geben und miteinander vermischen. Zitrone auspressen. Öl, Zitronensaft, Salz und Pfeffer verrühren.

3) Kurz vor dem Servieren über den Salat geben.

# Sıgara Böreği – Teigröllchen

## ZUTATEN für 4 Personen

– 12 Yufka-Teigblätter (dreieckig)
– 250 g Feta-Käse
– 1 Bund Petersilie, gehackt

1) Käse in einer Schüssel mit einer Gabel zerdrücken. Petersilie hinzufügen und zusammen verkneten.

2) Nun jedes Yufka-Teigblatt mit den Fingern ein wenig mit Wasser befeuchten, damit der Teig besser zusammenhält. Mit der Käse-Petersilien-Masse bestreichen. Die Teigblätter von der breiten Seite zur Spitze hin aufrollen. Spitze mit befeuchteten Fingern noch einmal gut andrücken.

3) In einer Pfanne mit reichlich Öl von allen Seiten frittieren, bis sie goldbraun sind. Warm servieren.

# Hamsi Pilavı –
# Pilaw mit Hamsi

## ZUTATEN für 4 Personen

– 1 kg Hamsi (Scharzmeersardine),
  ersatzweise Sardellen oder Anchovis

für den Reis:

– 250 g Reis
– Salz
– 250 g Zwiebeln
– 6 EL Olivenöl
– 50 g Rosinen
– 50 g Pinienkerne
– 1 EL Zucker
– 1/2 TL schwarzer Pfeffer, gemahlen
– 1/2 TL Zimtpulver
– 1/2 TL getrockneter Thymian
– 1 EL Minze, gehackt
– Olivenöl
– 100 g Butter

*Die Mengenangaben gelten für einen Pilaw, der als Bestandteil eines fünfgängigen türkischen Menüs geplant ist.*

1) Die Fische putzen, ausnehmen und abspülen, abtropfen lassen und mit etwas Salz bestreuen.

2) Den Reis in einen Topf geben, mit warmem Wasser und 1 EL Salz bedecken und stehen lassen, bis das Wasser abgekühlt ist. Den Reis spülen, bis das Wasser klar bleibt. In einem Sieb abtropfen lassen.

3) Die Zwiebeln abziehen und in feine Scheiben schneiden. Die Zwiebeln mit 3 EL Wasser und 1/2 TL Salz in einen Topf geben, bei mittlerer Hitze ab und zu umrühren und etwa 10 Minuten garen, bis die Flüssig-keit eingekocht ist. 6 EL Olivenöl hinzufügen und alles 4 bis 5 Minuten braten. Den Reis zugeben und unter gelegentlichem Rühren 5 bis 6 Minuten braten, bis der Reis am Topfboden zu kleben beginnt.

4) 500 ml Wasser aufkochen. Die Rosinen und Pinien-kerne unter den Reis mischen, das kochende Wasser angießen und den Zucker zugeben. 5 Minuten zuge-deckt bei mittlerer Hitze kochen, die Hitze reduzieren und weitere 10 Minuten leise köcheln lassen, bis die Flüssigkeit fast komplett eingekocht ist. Vom Herd nehmen, die Gewürze und Kräuter unterrühren, und zugedeckt 10 Minuten ruhen lassen.

5) Eine große Kasserolle mit Olivenöl auspinseln. Den Boden mit etwa der Hälfte der Anchovis (Hautsei-te nach unten) bedecken. Eine Reihe Anchovis an die Seiten der Kasserolle legen (wie für einen Kuchenbo-den in einer Springform). Den Reis einfüllen und darauf die restlichen Anchovis verteilen (Hautseite nach oben). Mit 2 EL Öl beträufeln.

6) Den Backofen auf 200 °C (Gas Stufe 4) vorhei-zen und den Pilaw 30 bis 40 Minuten backen, bis die Anchovis goldbraun sind. Die Butter in einem Topf schmelzen und vorsichtig über die Anchovis träufeln. Den Auflauf in der Form servieren.

# Tel Kadayıf Tatlısı – Süßspeise aus Fadenteig

## ZUTATEN für 4 Personen

– 1 l Wasser
– 1 kg Zucker
– 1 Packung Kadayıf (fertig in türkischen Spezialitätenläden erhältlich)
– 150 g Butter
– 300 g gehackte Walnüsse

1) Das Wasser und den Zucker vermischen und zu einem dicken Sirup einkochen.
Den Teig auseinanderziehen. Butter im Topf schmelzen und mit den Teigfäden vermischen.

2) Einen Teil der gehackten Walnüsse beiseitelegen. Die Hälfte des Teiges auf einem Backblech verteilen und die Walnüsse darüberstreuen. Dann mit der zweiten Teighälfte belegen.

3) Den Backofen auf 250 °C vorheizen und den Teig 10 Minuten backen. Dann mit dem Zuckersirup beträufeln und ca. 2 Stunden ziehen lassen. Zum Schluss mit den restlichen Walnussstücken bestreuen.

# Kreisjugendwerk der Arbeiterwohlfahrt (AWO)

Die Arbeiterwohlfahrt und Kochen? Eigentlich kennt man uns ja eher von Begegnungsstätten, Waldheimen oder der Beratung von Migrantinnen und Migranten.

Bei unserer Arbeit begegnen wir täglich Menschen aus aller Welt, die unsere Gesellschaft mit ihren vielfältigen Kulturen bereichern. Im Mittelpunkt stehen jedoch immer gemeinsames Kochen und Essen als Anlass für Geselligkeit und Gemeinschaft. Sie sind uns allen ein wichtiger Teil der Alltagskultur.

Eine ganz eigene Kultur ist natürlich die schwäbische. Und was kocht man da? Natürlich etwas original Schwäbisches! Wir haben uns daher für *Flädlessuppe*, *Feldsalat mit Senfdressing*, *Kässpätzle* und *Apfelküchle* entschieden. Das finden wir unwiderstehlich – und unseren Gästen vom bosnischen Verein „Goldene Lilien" hat es beim Probeessen auch geschmeckt.

Wia mr isst,
so schaffd mr au! –
Wie man isst,
so arbeitet man auch!
(schwäbische
Weisheit)

# Flädlessuppe

## ZUTATEN für 4 Personen

für die Fleischbrühe:

- 500 g Rindfleisch
- 500 g Rinderknochen
- 1 Zwiebel
- 1 Gewürznelke
- 1 Lorbeerblatt
- 1 TL Salz
- 1 Bund Suppengrün (Lauch, Sellerie, Karotten, Petersilie, Liebstöckel)

für die Flädle:

- 500 ml Milch
- 3 Eier
- 200 g Mehl
- Salz
- Öl
- 2 EL Petersilie, gehackt, oder Schnittlauchröllchen

1) Das Fleisch und die Knochen unter fließendem kalten Wasser kurz abspülen. Die Zwiebel schälen, die Gewürznelke in die Zwiebel stecken. Fleisch, Knochen, Lorbeerblatt und die ganze Zwiebel mit der Gewürznelke zusammen in einen Topf mit 2 Litern gesalzenem Wasser geben. Das Ganze etwa 2,5 Stunden bei mittlerer Hitze ohne Deckel kochen lassen. Regelmäßig den entstehenden Eiweißschaum mit einem Schaumlöffel abschöpfen.

2) Das Suppengrün waschen, grob zerkleinern und etwa eine halbe Stunde vor Ende der Garzeit in den Topf geben.

3) Die Brühe durch ein feines Sieb geben und beiseitestellen.

4) Für die Flädle Milch und Eier mit einem Schneebesen verrühren, nach und nach das Mehl und etwas Salz dazugeben. Ca. 30 Minuten ausquellen lassen und dabei ab und zu durchrühren. Es sollte ein dünn fließender Teig entstehen, je nach Mehlsorte muss etwas mehr Milch dazugegeben werden.

5) In einer beschichteten Pfanne etwas Öl erhitzen und mit einer Schöpfkelle den Teig ganz dünn eingießen, bis der Boden bedeckt ist. Auf beiden Seiten goldbraun backen und heiß aufrollen. Mit dem restlichen Teig so weiterverfahren. Die abgekühlten Teigrollen in feine Streifen schneiden.

6) Zum Servieren die Flädle-Streifen in vorgewärmte Suppentassen geben, die heiße Fleischbrühe darübergießen und gehackte Petersilie oder Schnittlauchröllchen darüberstreuen.

# Kässpätzle

## ZUTATEN für 4 Personen

– 400 g Mehl (Spätzlemehl oder normales Mehl)

– Salz

– 4 Eier

– etwa 250 ml lauwarmes Wasser

– Butter

– 200 g Crème fraîche oder Frischkäse

– 150 g Käse, gerieben (z. B. Bergkäse)

– Pfeffer

– geriebene Muskatnuss

– 1 Zwiebel, in Ringe geschnitten

1) Mehl mit 1 TL Salz und den Eiern in einer Schüssel vermischen (von Hand oder mit den Knethaken des Rührgerätes). Wasser langsam einrühren, bis ein leicht zäher Teig entsteht. Der Teig ist richtig, wenn sich leichte Luftblasen bilden und er beim Durchziehen eines Kochlöffels leichten Widerstand gibt. Den Teig ca. 15 Minuten stehen lassen. Dabei wird er noch etwas fester.

2) In der Zwischenzeit Wasser im Topf erhitzen und Salz hinzufügen. Eine Schüssel für die fertigen Spätzle bereitstellen und etwas Butter hineingeben. Wenn das Wasser kocht, den Teig portionsweise in den Spätzlehobel einfüllen und gleich ins kochende Wasser hineinhobeln. Die Spätzle können auch mit einem Spätzleschaber zubereitet werden. Dabei wird der frische Teig auf ein feuchtes Brett aufgestrichen und mit einem Spätzleschaber oder einem Messer in dünnen Streifen direkt ins heiße Wasser geschabt.

3) Das Wasser kurz aufwallen lassen. Wenn die Spätzle wieder an der Oberfläche schwimmen, mit dem Schaumlöffel herausnehmen und in eine Schüssel geben. Die Spätzle zum Warmhalten in den warmen Backofen stellen.

4) Butter in einer Pfanne erhitzen. Spätzle hinzugeben und mit Crème fraîche oder Frischkäse und dem geriebenen Käse vermengen. Alles auf kleiner Stufe erwärmen, bis der Käse verlaufen ist. Mit Pfeffer und Muskat abschmecken.

5) Nach Belieben Zwiebelringe in etwas Butter goldbraun braten und über die Kässpätzle geben.

29

# Feldsalat mit Senfdressing

## ZUTATEN für 4 Personen als Beilage

– 200 g Feldsalat

– 8 EL Balsamico-Essig

– 4 EL Senf (Dijon-Senf oder ein milder Senf)

– 8 EL Ahornsirup

– 1 Zehe Knoblauch

– Salz, Pfeffer

1) Den Salat sauber waschen und gut abtropfen lassen.

2) Balsamico-Essig, Senf und Ahornsirup gut vermischen. Die Knoblauchzehen abziehen, ganz fein hacken und unter das Dressing rühren. Wenn nötig mit Salz und Pfeffer abschmecken.

3) Den Salat auf einem Teller anrichten und das Dressing darübergeben.

Nach Belieben kann man auch fein geschnittene Zwiebelwürfel oder Walnüsse dazugeben. Ebenso sind frische Champignons im Feldsalat sehr beliebt. Diese können entweder roh hinzugefügt oder zuvor kurz mit etwas Kräuterbutter in einer Pfanne geschwenkt werden.

# Apfelküchle mit Vanillesauce

## ZUTATEN für 4 Personen

- 5 große Äpfel (am besten eine mürbe Sorte)
- Zucker zum Bestreuen

für den Teig:

- 125 g Mehl
- 1 Ei
- etwas Salz
- 3 EL Zucker
- 2 Eiweiße
- 1/2 Tasse Milch
- reichlich neutrales Öl zum Ausbacken

für die Vanillesauce:

- 250 ml Milch
- 200 ml Sahne
- 80 bis 100 g Zucker, je nach Geschmack
- 1 Prise Salz
- Mark von 2 Vanilleschoten oder 1 TL gemahlene Vanille
- 5 Eigelbe

1) Die Äpfel schälen, vom Kerngehäuse befreien, waagerecht in gut 1/2 cm dicke Scheiben schneiden, mit Zucker bestreuen und zugedeckt 1 Stunde beiseitestellen.

2) Aus Mehl, Ei, Salz, Zucker und Milch einen glatten, dickflüssigen Pfannkuchenteig rühren. Die Eiweiße steif schlagen und den Eischnee unter den Pfannkuchenteig ziehen.

3) Die Apfelscheiben mit einer Gabel in den Teig tauchen, etwas abtropfen lassen und in heißem Öl goldgelb ausbacken. Die Apfelringe auf Küchenkrepp geben und anschließend mit Zucker bestreuen.

4) Für die Vanillesauce die Milch mit Sahne, Zucker, Salz und Vanille aufkochen. Wenn die Milch kocht, sofort den Topf vom Herd nehmen und die Milch 2 Minuten abkühlen lassen. Dann die Eigelbe mit einem Schneebesen in die Vanillemilch einrühren, bis eine sämige Vanillesauce entstanden ist.

# Jugendgruppe des Sport-, Kultur- und Kunstvereins Bosnien und Herzegowina „Goldene Lilien"

Wir sind ein bosnisch-herzegowinischer Verein, der sich heute hauptsächlich für Jugendbegegnungen, Jugend- und Erwachsenenbildung einsetzt. Früher lagen unsere Aufgaben überwiegend in Folklore und humanitärer Hilfe, um die Zivilbevölkerung unseres kriegsgebeutelten Heimatlandes zu unterstützen. Wichtig sind uns die Völkerverständigung sowie die kulturelle und humanitäre Zusammenarbeit.

Was hat die Küche aus Bosnien-Herzegowina zu bieten? Weitaus mehr als *Cevapcici* und *Börek*, die wahrscheinlich jeder kennt!

Deshalb möchten wir an dieser Stelle einmal andere Gerichte der Öffentlichkeit präsentieren: unser Nationalgericht – der *bosnische Eintopf*; die Fleischspieße *Šiš Ćevap* mit Reis; *Hosaf*, ein Kompott aus Trockenfrüchten und die bosnischen Äpfel *Tuhafije*. Einige davon erinnern stark an die türkische Küche. Die von uns ausgewählten Speisen sind im gesamten bosnisch-herzegowinischen Raum und darüber hinaus bekannt und beliebt.

# Bosnischer Eintopf

National-
gericht
der
Bosniaken

## ZUTATEN für 6 Personen

– 2 kg Rindfleisch, ohne Knochen und mit
  Fett durchzogen (am besten Schulter oder
  Brust)
– 1 Stück Knollensellerie
– 1,2 kg Kartoffeln
– 400 g frischer Weißkohl
– 1 Aubergine
– 2 Zwiebeln
– 1 Tomate
– 200 g frische grüne Bohnen
– 3 Knoblauchzehen
– 12 Gewürznelken
– Salz und Pfeffer aus der Mühle
– 3 Lorbeerblätter
– 1 EL Paprikapulver, edelsüß
– 80 ml Essig (am besten milder Apfelessig)
– 600 ml warmes Wasser

Wie die meisten
Eintöpfe schmeckt
auch der bosnische
Eintopf am besten
aufgewärmt.

1) Rindfleisch abspülen und in größere Würfel schneiden. Das Gemüse putzen. Sellerie, Kartoffeln und Kohl in Streifen schneiden. Aubergine, Zwiebeln und Tomate würfeln. Die Bohnen in kleine Stücke schneiden. Den Knoblauch abziehen.

2) Einen ausreichend großen Tontopf nehmen (ersatzweise darf es ein Römertopf oder normaler Topf sein). Abwechselnd eine Lage Fleisch und eine Lage Gemüse mit Gewürzen einfüllen. Knoblauchzehen dazugeben.

Die letzte Schicht bildet Fleisch, auf dem dann die Kartoffelscheiben verteilt werden. Einige Lorbeerblätter und 1 EL Paprikapulver zugeben. Nach Geschmack salzen und pfeffern. Den Essig und das Wasser mischen und etwas von dieser Flüssigkeit angießen. (Nicht zu viel, weil das Gemüse einiges an Flüssigkeit abgibt.) Zudecken und auf der Herdplatte aufkochen lassen.

3) Im vorgeheizten Ofen 4 bis 5 Stunden bei 140 bis 150 °C langsam schmoren lassen.

# Šiš Ćevap mit Reis

## ZUTATEN für 4 Personen

- 750 g Rindfleisch
- 500 g Zwiebeln
- 100 g Tomatenmark
- 2 Karotten, geputzt, in dünne Scheiben geschnitten
- Pfeffer, Salz
- 200 ml Pflanzenöl, z.B. Raps- oder Sonnenblumenöl
- 100 ml Essig
- Holzspieße
- evtl. Petersilie

### für den Reis:

- 400 g Reis
- 800 ml Wasser
- etwas Öl

1) Das Fleisch und die Zwiebeln in mundgerechte Stücke schneiden, abwechselnd auf Spieße stecken und in einen flachen Schmortopf legen.

2) Das Tomatenmark in einem kleinen Topf mit 100 ml Wasser verrühren, die Karotten hinzufügen und aufkochen, mit Salz und Pfeffer abschmecken und das Öl einrühren. Den Essig mit 100 ml Wasser mischen und zur Tomatensauce geben. Nach Geschmack mit Salz und Pfeffer nachwürzen und über die Spieße gießen. Diese sollten von der Sauce komplett bedeckt sein.

3) Den Backofen auf 200 °C (Ober- und Unterhitze) vorheizen. Die Spieße ca. 45–60 Minuten im Backofen schmoren, bis sie gut durchgegart sind. Alternativ können die Spieße auch auf dem Herd in einer Pfanne oder einem Topf geschmort werden.

4) Den Reis in einem Topf mit etwas Öl anbraten. Wenn die Reiskörner glasig sind, gut umrühren, das Wasser hinzugeben und einmal aufkochen lassen. Die Hitze reduzieren und den Reis leise köcheln lassen, bis das ganze Wasser vom Reis aufgesogen worden ist. Dabei nicht mehr umrühren.

5) Die Ćevap-Spieße aus der Sauce nehmen, mit Reis, ein paar Karottenscheiben und etwas Petersilie auf Tellern anrichten.

# Hosaf – Kompott aus Trockenfrüchten

## ZUTATEN für 8 Personen

– 100 g getrocknete Pflaumen

– 50 g getrocknete Äpfel

– 100 g getrocknete Birnen

– 50 g getrocknete Feigen

– 50 g getrocknete Datteln

– 50 g Rosinen

– 150 g Zucker

– 2 Gewürznelken

– 1 Vanillezucker

– 1 Bio-Zitrone

1) Alle Zutaten bis auf die Zitrone in zwei Litern Wasser eine Stunde kochen lassen.

2) Nach einer halben Stunde die heiß abgewaschene, in Scheiben geschnittene Zitrone dazugeben.

3) Abgekühlt servieren.

# Tuhafije – Bosnische Äpfel

## ZUTATEN für 4 Personen

- 4 harte Äpfel
- 250 g Zucker
- 2 Liter Wasser
- 1 Bio-Zitrone

### für die Nussfüllung:

- 50 g geriebene Walnüsse
- 25 g geriebene Mandeln
- 25 g Zucker
- etwas abgeriebene Zitronenschale
- 200 g Frischkäse

### zum Garnieren:

- Schlagsahne
- eingelegte Kirschen

1) Die Äpfel waschen, schälen und entkernen. Die Zitrone heiß abwaschen, die Schale abreiben, beiseite-stellen und die Frucht auspressen. Das Wasser mit Zucker und Zitronensaft vermischen, aufkochen und die Äpfel darin 10 Minuten köcheln lassen. Äpfel herausnehmen und abtropfen lassen.

2) Für die Füllung den Frischkäse mit Walnüssen, Mandeln, Zucker und ein wenig Zitronenschale vermischen.

3) Die Äpfel damit füllen und mit geschlagener Sahne und Kirschen garnieren.

**Tipp**

Mit Zimt schmeckt die Füllung besonders köstlich!

# Dialog-Forum Stuttgart

Wissen, Weisheit, das Verbindende suchen und voneinander lernen: Unser Ziel ist die Begegnung von Religionen und Kulturen. Wir setzen Bildung und Aufklärung gegen religiösen Extremismus und Fundamentalismus und werben für Toleranz und gegenseitige Akzeptanz.

Unsere Begegnungsstätte und der Verein bestehen seit Anfang der 1970er-Jahre, wir sind eine der ersten Migrantenvereinigungen in Stuttgart überhaupt. Seit 1996 sind wir Mitglied im Stadtjugendring.

Für unsere Rezepte haben wir das Motto „Heilende Gerichte" gewählt. Heilend ist die Wirkung des Schwarzkümmels und des Leinsamens, die unter anderem wertvolle Fettsäuren enthalten, insbesondere ungesättigte Omega-3-Fettsäuren. Nicht umsonst lautet eine islamische Weisheit: „Schwarzkümmel heilt alles außer den Tod."

Einige Rezepte sind typisch für die Herkunftsregion vieler Mitglieder im Dialog-Forum: Die in der Türkei beliebten *gefüllten Paprika* und *Çiğ Köfte*. Köstlich dazu schmecken der *Linsensalat* sowie *Quarkspeisen* und *Brotaufstrich*.

„Leinöl und Quark machen Bauern stark."
(deutsches Sprichwort)

# Çiğ köfte und Kısır

## ZUTATEN für 4 Personen

- 2 mittelgroße Zwiebeln
- 2 Bio-Zitronen
- 1 kg Ince Bulgur (feine Weizengrütze)
- 400 g Hackfleisch vom Lamm oder Kalb, mager
- 2 EL Paprikamark
- 1 EL Tomatenmark
- 4–5 zerdrückte Knoblauchzehen (nach Belieben)
- 1/2–1 EL Salz
- 1/2–1 EL Pfeffer
- 1 EL grob gemahlener Paprika (Pul biber)
- 1 TL Kümmel
- Oregano
- 1 türkisches Teeglas Öl (ca. 100 ml)
- 1 Glas lauwarmes Wasser
- Frühlingszwiebeln, fein gehackt
- 1 Bund Petersilie
- frische Pfefferminze (nach Belieben)
- 1 Kopfsalat
- 1 Eisbergsalat

Für die vegetarische Variante, die Kısır, wird nur das Hackfleisch weggelassen: Bulgur einweichen, mit den Zutaten mischen und durchkneten.

1) Die Zwiebeln fein hacken, die Zitronen auspressen. Bulgur in einer großen Schüssel mit den fein gehackten Zwiebeln und dem ausgepressten Zitronensaft gut durchkneten. Hackfleisch, Paprikamark und Tomatenmark, Knoblauchzehen, Salz, Pfeffer und die anderen Gewürze dazugeben und alles gut vermischen. Das Öl zufügen. Falls der Bulgur noch nicht weich genug ist, nach und nach etwas Wasser zugeben.

2) Der Teig wird ca. 45 Minuten geknetet bis der Bulgur eine weiche Konsistenz hat. Die fein gehackten Kräuter werden erst ganz zum Schluss nach dem Kneten untergemengt.

3) Die Teigmasse wird auf einer mit grünen Salatblättern ausgelegten Platte serviert.

# Vegetarisch gefüllte Paprika

## ZUTATEN für 4 Personen

– 8 kleine grüne Paprika zum Füllen (in türkischen Spezialitätengeschäften erhältlich)
– 1 EL Pinienkerne
– 2 EL Öl
– 3 mittelgroße Speisezwiebeln, fein gehackt
– 1 EL Paprikamark
– 1 EL Tomatenmark
– 2 Tomaten
– 125 g Reis
– 1/2 l Wasser
– 1 EL Sultaninen nach Belieben
– Salz, roter Pfeffer, schwarzer Pfeffer
– 1 Zitrone
– 4–5 Stängel Petersilie
– 4–5 Stängel Dill
– 4–5 Stängel frische oder getrocknete Pfefferminze

1) Die Paprikaschoten waschen und vorsichtig einen knappen Deckel oben abschneiden. Das Innere der Paprika entfernen.

2) Die Pinienkerne mit dem Öl in einer großen Pfanne bei mittlerer Hitze leicht anrösten. Die Zwiebeln hinzufügen und so lange andünsten, bis sie goldbraun werden. Paprikamark, Tomatenmark und eine zerkleinerte Tomate unterrühren. Reis, 375 ml Wasser, Sultaninen, Salz, roten und schwarzen Pfeffer zu der Masse hinzufügen und so lange kochen,

bis das ganze Wasser aufgesogen wurde. Die Zitrone auspressen und den Saft untermischen. Petersilie, Dill und Pfefferminze fein hacken und hinzufügen.

3) Die Paprika mit der Reismischung bis zum Rand füllen. Die übrige Tomate in breite Scheiben schneiden. Jeweils eine Tomatenscheibe auf die Paprika legen, um sie abzudecken oder den Paprikadeckel wieder auflegen. 1/8 l Wasser in einem Topf zum Kochen bringen und die Paprika darin garen.

# Quarkspeisen und Brotaufstriche

## ZUTATEN

für ein Quarkdessert mit *Leinöl* oder *Schwarzkümmel*:

- 250 g Quark
- 2 EL Leinöl, alternativ 1/2 EL gemahlener Schwarzkümmel
- 2 EL Fruchtmarmelade
- 1/2-1 Banane
- 1/2 Apfel
- Zitronensaft
- evtl. Leinsamen, Leinsamen geschrotet, Haferflocken,
  Cornflakes, gehackte Nüsse

für eine pikante Quarkspeise:

- 250 g Quark
- 2 EL Leinöl, alternativ 1 EL gemahlener Schwarzkümmel
- 1 Bund Schnittlauch
- 1 Bund Petersilie
- 1/2 TL Salz
- Pfeffer

> Der Früchtequark schmeckt auch als Müsli mit Haferflocken, Leinsamen, Cornflakes oder gehackten Nüssen vermischt.

1) Für das Quarkdessert Quark mit Leinöl bzw. mit Schwarzkümmel gut verrühren. Das Leinöl verleiht dem Ganzen einen getreideähnlichen Geschmack, was neben den wertvollen Inhaltsstoffen des Leinöls das Besondere dieser Quarkspeise ausmacht.

2) Das Obst waschen, je nach Sorte schälen und zerkleinern. Das Obst und die Marmelade unterrühren. Je nach Süße der verwendeten Früchte mit ein paar Spritzern Zitronensaft abschmecken.

3) Für die pikante Quarkspeise Quark mit Leinöl bzw. mit Schwarzkümmel gut verrühren.

4) Die Kräuter abspülen, trocken schütteln, fein hacken und in den Quark rühren. Mit Salz und Pfeffer abschmecken und als Dip oder Brotaufstrich verwenden.

# Linsensalat mit Schwarzkümmel

## ZUTATEN für 4 Personen

– 200 g Linsen (Beluga–Linsen oder
  grüne Linsen)
– 10 EL Balsamico–Essig
– 2 kleine Zwiebeln
– Olivenöl
– 2 Knoblauchzehen
– 1 Bund Petersilie, gehackt
– 2 EL Schwarzkümmel
– Salz, Pfeffer
– 2 gekochte Kartoffeln, klein gewürfelt
– Kreuzkümmel nach Belieben

1) Die Linsen in einem Sieb kurz abspülen, in einen Topf geben und in nicht (!) gesalzenem Wasser weich kochen. Abgießen und den Essig zugeben. Abkühlen lassen, eventuell nochmals mit Essig abschmecken. Vorher nicht salzen, da die Linsen den Essig sonst nicht mehr aufnehmen.

2) Zwiebeln abziehen und hacken, in reichlich Olivenöl bei mittlerer Hitze leicht glasig dünsten. Knoblauch abziehen, fein hacken, hinzufügen und alles vom Herd nehmen. Die Zwiebel-Knoblauch-Öl-Mischung mit Petersilie, Schwarzkümmel und den Linsen mischen. Mit Salz und Pfeffer abschmecken und die klein gewürfelten Kartoffeln dazugeben.

3) Wer mag, kann noch etwas Kreuzkümmel dazugeben. Der Salat schmeckt am besten, wenn er noch ein paar Stunden durchziehen kann.

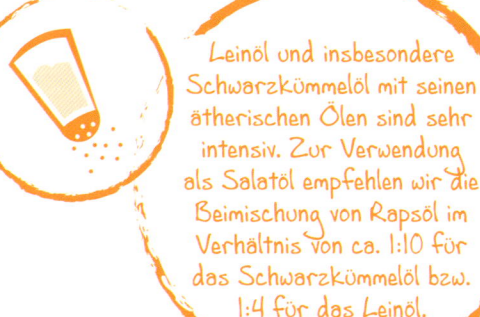

Leinöl und insbesondere Schwarzkümmelöl mit seinen ätherischen Ölen sind sehr intensiv. Zur Verwendung als Salatöl empfehlen wir die Beimischung von Rapsöl im Verhältnis von ca. 1:10 für das Schwarzkümmelöl bzw. 1:4 für das Leinöl.

# Eritreische Jugend Stuttgart

Unser Verein betreut seit 1998 hauptsächlich Kinder und Jugendliche eritreischer Abstammung, die in Stuttgart leben. Wir engagieren uns mit regelmäßigen Treffen, Sport- und Freizeitaktivitäten, Schulungen, Chor- und Theaterarbeit oder bieten Musik- und Tanzunterricht.

Die eritreische Küche unterscheidet sich stark von den Essgewohnheiten Schwarzafrikas und des orientalischen Raums. Das Nationalgericht ist *Ingera*, ein weiches, gesäuertes Fladenbrot, das mit verschiedenen scharfen Saucen gereicht wird. Es gehört seit vielen hundert Jahren zu jedem eritreischen Esssen.

Unser Beitrag für das interkulturelle Kochbuch ist *Ingera* mit verschiedenen Fleisch- oder Gemüsesaucen. Diese werden individuell und frisch mit der scharfen Gewürzmischung *Berbere* zubereitet und dann relativ dick gekocht.

*Ingera* besteht aus Sauerteig, der eigentlich aus dem nur am Horn von Afrika vorkommenden Getreide Teff hergestellt wird. Teff-Mehl kann man in Deutschland zumeist nur im Versandhandel über das Internet bekommen. Als Ersatz kann man Hirse,- Roggen-, Weizen-, Mais- oder Sechskornmehl nehmen.

Zum Essen
bricht sich jeder ein
Stück Ingera
ab und nimmt
damit die Sauce
auf.

# Alidcha – Gemüseplatte

## ZUTATEN für 4 Personen

- 250 g festkochende Kartoffeln
- 125 g Möhren
- 250 g Weißkohl
- Salz
- je 1 rote, gelbe und grüne Paprika
- 1 TL Knoblauch, gehackt
- 1 Bund Petersilie, gehackt
- 1 kleines Stück Ingwer
- 1 kleines Stück Knollensellerie
- 2 Peperoni
- 2 große Zwiebeln
- 6 EL Rapsöl
- 2 frische Tomaten
- 300 g Brechbohnen
- Currypulver
- Gemüsebrühe

3) Die Zwiebeln abziehen, in halbe Ringe schneiden und in 3 EL Öl kurz braten. Knoblauch, Petersilie, Ingwer, Sellerie und Peperoni zufügen. Alles 5 Minuten unter Rühren anbraten. Die Tomaten abspülen, in Würfel schneiden, dazugeben und weiterbraten.

4) Den Weißkohl, die Möhren und die Paprika zum Gemüse dazugeben und ca. 5 Minuten unter mehrmaligem Rühren mitbraten.

5) Die Brechbohnen in einem separaten Topf in Salzwasser 5 Minuten sprudelnd kochen, abtropfen und zum restlichen Gemüse geben. Mit Gemüsebrühe und Curry nach Geschmack würzen, etwas Wasser hinzufügen und ca. 10 Minuten zugedeckt bei geringer Hitze ziehen lassen.

1) Die Kartoffeln und die Möhren schälen und beides in dicke Streifen schneiden. Den Weißkohl putzen, mit kaltem Wasser waschen, vierteln, in Streifen schneiden, ein 1 TL Salz dazugeben und durchmischen. Ebenso die Paprika putzen und in Streifen schneiden.

2) Den Knoblauch abziehen, die Petersilie abbrausen, den Ingwer und den Sellerie schälen und die Peperoni putzen. Alles fein hacken.

6) Die Kartoffeln mit dem restlichen Öl in einer separaten Pfanne goldbraun braten, mit Salz abschmecken, zum restlichen Gemüse geben und auf sehr kleiner Flamme langsam ziehen lassen.

# Ingera

## ZUTATEN für 20 Ingera-Fladen

- 1 kg Weizenmehl
- 500 g Teff-Mehl
  (ersatzweise Buchweizenmehl)
- 300 g Maismehl
- 500 ml Sauerteig oder Hefeteig
- 2 l Wasser
- 1 l gekochtes Wasser
- 1 TL Salz

1) Die verschiedenen Mehlarten am Abend mit dem Wasser und dem Sauer- oder Hefeteig zu einer glatten Masse vermengen und gut durchkneten.

2) Zum Gären den Teig ca. 24 Stunden bei Zimmertemperatur stehen lassen. Danach wird der Teig mit etwa 1 Liter kochendem Wasser und 1 TL Salz so verdünnt, bis er die Konsistenz von Pfannkuchenteig hat. Danach weitere 5 Stunden ruhen lassen.

3) Anschließend den Teig portionsweise in einer beschichteten Pfanne ohne Öl ähnlich wie Pfannkuchen backen.

Teff ist eine für Eritrea typische Hirseart. Man stellt daraus Ingera, Brei oder sogar Bier her. Bei uns ist es im Versandhandel oder in afrikanischen Spezialitätenläden erhältlich.

# Sambusa – Eritreische Frühlingsrolle

## ZUTATEN für 4 Personen

- 1 Paket Frühlingsrollenteig
- 1 kleine Zwiebel, gehackt
- Öl
- 200 g Hackfleisch
- 1/2 TL Knoblauch, gehackt
- 2 EL Petersilie, gehackt
- 1 Peperoni, gehackt
- 1 Stange Lauch, in grobe Stücke geschnitten
- Pfeffer, Curry, Salz oder Maggi nach Geschmack
- 1 l Öl zum Frittieren

1) Tiefgekühlten Frühlingsrollenteig bei Zimmertemperatur auftauen lassen.

2) Die Zwiebel in wenig Öl bei mittlerer Hitze unter Rühren goldbraun braten. Das Hackfleisch dazugeben und das Fleisch hellbraun anbraten. Knoblauch, Petersilie, Peperoni und Lauch hinzufügen. Mit Pfeffer, Curry und Salz oder Maggi würzen und alles kurz weitergaren lassen. Dabei darauf achten, dass die Gewürze nicht verbrennen.

3) Die Hackfleischmischung etwas abkühlen lassen, in die Teighüllen wickeln und die Rollen möglichst rasch in heißem Öl frittieren.

# Timtimo – Linsen

## ZUTATEN für 4 Personen

- 1 große Zwiebel
- 3 EL Rapsöl
- 2 EL Berbere
  (eritreische Gewürzmischung)
- 200 g Tomaten aus der Dose, gehackt
- 1 TL Knoblauch, gehackt
- 200 g Linsen (über Nacht eingeweicht)
- 1/2 TL Muskat
- Salz, Pfeffer

1) Zwiebel abziehen, klein hacken und unter Rühren bei mittlerer Hitze in Öl goldbraun braten. Berbere zufügen und weiterrühren. Sehr rasch ein halbes Glas Wasser dazugeben (die Gewürze dürfen nicht verbrennen) und ca. 2 Minuten zugedeckt ziehen lassen. Danach die gehackten Tomaten und den Knoblauch zugeben und 10 Minuten auf kleiner Flamme weiterziehen lassen.

2) Linsen mit etwa 600 ml Wasser zu der scharfen Tomatensauce geben, umrühren und ca. 20 Minuten kochen lassen. Zum Schluss mit Muskat, Salz, und Pfeffer nach Belieben abschmecken.

Berbere ist eine scharfe Gewürzmischung, die in Eritrea und Äthiopien in vielen Gerichten verwendet wird. Es gibt viele Zusammensetzungen – wesentliche Zutaten sind: Salz, Cayennepfeffer, Kardamom, Bockshornklee, Piment, Zimt, Gewürznelken, Paprika, Pfeffer, Kreuzkümmel, Gelbwurz und Koriander.

# Jugendwerk der AWO Württemberg

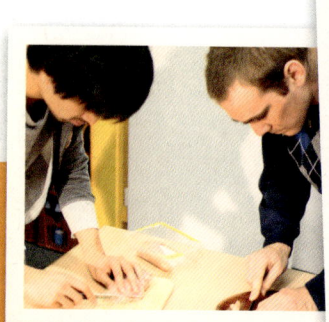

Wir sind das Jugendwerk der Arbeiterwohlfahrt und organisieren Ferienmaßnahmen für Kinder und Jugendliche, außerschulische Bildungsangebote, Workshops, interkulturelle Begegnungen und weitere Projekte. Wir wenden uns bewusst auch an junge Menschen mit Migrationshintergrund.

Jeden zweiten Donnerstagabend im Monat findet „Active Culture" statt, ein aktiver Abend, bei dem Jugendliche mit und ohne Migrationshintergrund gemeinsam etwas in Stuttgart unternehmen können.

Derzeit werden wir tatkräftig unterstützt von zwei ehrenamtlichen Helfern aus Murcia in Spanien und Rezekne in Lettland. Für das interkulturelle Kochbuch haben wir daher spanische und lettische Spezialitäten ausgewählt.

Aus Spanien stammen der Salat *Moje* und die *Tortilla Española*. Das Menü *Auksta Zupa* mit Suppe, Kartoffeln und Debreczinern ist ein Lieblingsgericht unseres lettischen Freiwilligen. Gemeinsam mit der vietnamesischen Gesellschaft wurden alle drei Gerichte nachgekocht, probiert und für sehr gut befunden!

# Auksta Zupa – Rote-Bete-Suppe

## ZUTATEN für 4 Personen

- 500 ml Brühe
- 1 Glas rote Bete in Scheiben
- 1 Becher Kefir (500 ml)
- 2 hartgekochte Eier
- 1–2 Salatgurken
- 1 Bund Dill
- 1 Bund Frühlingszwiebeln
- 1 Becher saure Sahne, nach Belieben
- Salz, Pfeffer
- 3 Paar Debrecziner

### für die Kartoffeln:

- 500 g Kartoffeln
- Öl
- Salz, Pfeffer

Die Rote-Bete-Suppe wird in Lettland kalt serviert und zusammen mit Kartoffeln, Debreczinern und Brot gegessen.

1) Die Brühe zum Kochen bringen und die Rote-Bete-Scheiben hinzufügen, abkühlen lassen und den Kefir zugeben.

2) Die Eier und Gurken in kleine Stücke schneiden, den Dill und die Frühlingszwiebeln fein hacken. Eier, Gurken, Dill und Zwiebeln hinzufügen.

3) Mit Salz, Pfeffer und saurer Sahne nach Belieben abschmecken und alles gut verrühren.

4) Kartoffeln waschen, schälen und in dünne Viertel schneiden.

5) Den Backofen auf 200 °C vorheizen. Die Kartoffeln auf ein mit Backpapier ausgelegtes Backblech setzen, etwas Öl darüber träufeln und mit Salz und Pfeffer würzen. Die Kartoffeln 20–25 Minuten backen.

6) Die Würste im Backofen auf der mittleren Schiene 10 Minuten erhitzen, in kleinere Stücke schneiden und servieren.

# Moje – Salat aus Murcia

## ZUTATEN für 4 Personen

– 1 große Zwiebel

– 2 hartgekochte Eier

– 500 g Tomaten aus der Dose, nicht geschnitten

– 100 g Thunfisch in Öl eingelegt

– schwarze Oliven

– Olivenöl

– Salz, Pfeffer

1) Die Zwiebeln und die Eier grob hacken und mit den anderen Zutaten vermengen. Mit etwas Olivenöl, Salz und Pfeffer abschmecken.

2) Mit Brot servieren.

# Tortilla Española

## ZUTATEN für 4 Personen

- etwa 700 g Kartoffeln
- 6–8 Eier
- Salz
- ca. 200 ml Olivenöl
- 2 Zwiebeln, fein gewürfelt

Die Tortilla Española – ein in Olivenöl gebratenes Omelette mit Kartoffeln und Zwiebeln – kennen viele aus spanischen Tapas-Bars. Nicht zu verwechseln ist die Tortilla Española mit der mexikanischen Variante, der Tortilla de harina. Das sind Brotfladen, die als Beilage verzehrt oder mit verschiedenen Gemüsen, Fleisch und Sauce gefüllt werden.

1) Die Kartoffeln schälen, abspülen und in ca. 1,5 cm große Würfel schneiden. Das Olivenöl in einer tiefen Pfanne erhitzen und die Kartoffeln darin garen, dabei nicht bräunen. Die Kartoffeln sollten daher vom Öl vollständig bedeckt sein. Wenn die Kartoffeln weich sind, die Pfanne vom Herd nehmen und das Öl abgießen. Dieses kann später weiterverwendet werden.

2) Die Eier verquirlen, salzen, über die Kartoffeln geben und bei niedriger Hitze stocken lassen. Wenn die Masse auch oben anfängt zu stocken, die Tortilla wenden. Dazu am besten einen Teller zu Hilfe nehmen, die Tortilla damit bedecken, auf den Teller stürzen und umgekehrt wieder in die Pfanne gleiten lassen. Vorsicht! – Der Teller kann heiß werden. Eventuell Topfhandschuhe oder ein Küchentuch verwenden.

3) Die Tortilla wird wie ein Kuchen in Stücke geschnitten und schmeckt am besten warm.

# VGS – Vietnamesische Gemeinschaft in Stuttgart und Umgebung

Diese Auswahl der Gerichte spiegelt die Vielfalt unserer Küche wider. Es sind typische Speisen, wie wir sie zum Beispiel bei Vereinsfesten zubereiten, um einen Teil unserer Kultur zu bewahren, auch für die zweite und dritte Generation der in Deutschland lebenden Vietnamesinnen und Vietnamesen.

Dabei dürfen nicht fehlen: die besonders beliebten *Chả Giò*, besser bekannt als Frühlingsrollen, und *Hoành Thánh*, gefüllte Teigtaschen. Beide können als Vorspeise oder Zwischengang serviert werden. Mit *Bánh Xèo*, gefüllten Pfannkuchen, und *Goi Cuon* (Sommerrollen) haben wir hierzulande eher unbekannte Köstlichkeiten als Hauptspeise ausgewählt.

Wenn es mal ein ganzes Menü mit mehreren Gängen werden soll, eignen sich die *Chuoi Chien* wunderbar als Nachspeise.

# Bánh Xèo – Gefüllte herzhafte Pfannkuchen

## ZUTATEN für 4 Personen

- Fertigteigmischung für Bánh Xèo (400-g-Packungen sind im Asialaden erhältlich)
- Kräuter nach Belieben, z. B. Koriander, Basilikum, Pfefferminze
- 2 Zwiebeln, in dünne Scheiben geschnitten
- 200 g Schweinefleisch oder Hühnchen- fleisch in dünnen Streifen
- 16 mittelgroße Shrimps, geschält und halbiert
- 4 EL Öl zum Braten
- 100 g Sojasprossen
- 1/4 Tasse Frühlingszwiebel, gehackt

für die Nuóc Mãm-Sauce:

- Nuóc Mãm (Fischsauce, im Asialaden erhältlich)
- 1 Knoblauchzehe
- 2 TL Zucker
- 1/2 Zitrone

1) 2/3 der Fertigteigmischung nach Packungsanleitung anrühren. Die Kräuter waschen, trocken schütteln und klein schneiden.

2) Für 1 Bánh Xèo wird jeweils 1/4 der oben angege- benen Mengen gebraucht. Zwiebel, Schweinefleisch, Shrimps in 1 EL heißem Öl ca. 1 Minute anbraten. Da- nach die Teigmischung in die Pfanne schöpfen, gleich- mäßig verteilen und 3 Minuten zugedeckt braten. Den Deckel entfernen, die Sojasprossen, die Frühlingszwie- beln, und die klein geschnittenen Kräuter dazugeben und weiterbraten, bis der Teig braun und knusprig ist.

3) Den Vorgang für die anderen Bánh Xèo wiederholen.

4) Für die Nuóc-Mãm-Sauce die Knoblauchzehe abziehen, fein hacken und den Saft der halben Zitrone dazugeben. Das Ganze mit ca. 1,5 Tassen Wasser auffüllen. 2 TL Zucker hinzufügen und mit Nuóc Mãm abschmecken.

# Chả Giò – Frühlingsrollen

## ZUTATEN für 16 Stück

- 60 g Glasnudeln
- 200 g Karotten
- 2 Zwiebeln
- 2 Knoblauchzehen
- 500 g Schweinehackfleisch
  (alternativ Puten- oder Hähnchenfleisch)
- Fischsauce (im Asialaden erhältlich)
- Pfeffer
- 200 g Sojasprossen
- 1 Ei
- vietnamesisches Reispapier
- Salz
- 1/2 Zitrone
- Zucker

In fingerbreite Stücke geschnitten können die Chả Giò zusammen mit Reisnudeln und den übrigen Zutaten auch als vollwertiges Gericht serviert werden.

1) Zuerst die Glasnudeln 5 Minuten in Wasser einweichen. In der Zwischenzeit die Karotten putzen und in feine Streifen schneiden oder klein hobeln. Die Zwiebeln und eine Knoblauchzehe klein schneiden, alles zusammen mit dem Hackfleisch und den eingeweichten Glasnudeln in eine große Schüssel geben. Mit Fischsauce und Pfeffer würzen, gut vermengen. Sojasprossen und Ei zufügen und untermischen.

2) Zum Füllen der Rollen das Reispapier ins Wasser tauchen, damit es von allen Seiten gut befeuchtet ist. Sobald das Papier weich genug ist, die Masse in 16 Portionen jeweils auf ein Reispapier geben. Dazu die Masse an den Rand des Papiers geben und unter möglichst großer Spannung einrollen. Kurz nach dem Rollbeginn die Seiten einschlagen, um die Rolle zu verschließen. 10 Minuten trocknen lassen und dann frittieren. Am besten schmecken die Chả Giò, wenn sie zweimal frittiert werden.

Als Dip eignet sich die Nuóc-Mǎm-Sauce (s. Seite 58).

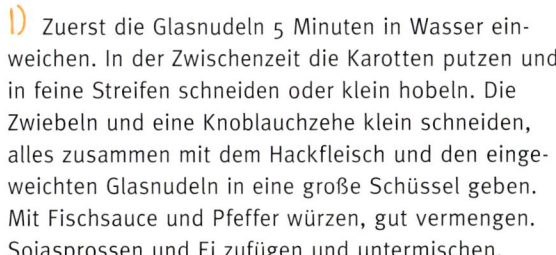

Die frittierten Chả Giò werden zusammen mit Gurken, Salat, verschiedenen Kräutern wie z.B. Koriander oder Pfefferminze und der angemachten Fischsauce serviert.

# Hoành Thánh – Teigtaschen

## ZUTATEN für 16 Stück

- 100 g Schweineschnitzel oder Schweinehackfleisch
- 8 mittelgroße Shrimps
- 1/2 kleine Zwiebel
- 1/2 TL Sesamöl
- 1 Prise Salz
- 1 Prise Pfeffer
- 1 Prise Zucker
- 1 Packung Wantan-Teigblätter (Asialaden)
- Brühe zum Garen bzw. Öl zum Frittieren
- Korianderblätter
- 2 Frühlingszwiebeln

1) Das Schweinefleisch zusammen mit den Shrimps und der Zwiebel in einen Mixer geben, mit Sesamöl, Salz, Pfeffer und Zucker abschmecken und im Mixer zu einer glatten Masse verarbeiten.

2) Jeweils einen halben Teelöffel der Masse auf die aufgetauten Wantan-Teigblätter geben und diese zu kleinen Taschen zusammenlegen.

3) Die Teigtaschen kurz bei mittlerer Temperatur frittieren, bis sie goldgelb sind oder kurz in kochendes Wasser, Hühner- oder Gemüsebrühe legen, bis sie an der Oberfläche schwimmen. Eine Minute ziehen lassen, dann herausnehmen.

4) Die frittierten Taschen mit süß-saurer Sauce reichen. Gekochte Teigtaschen in Brühe servieren, mit klein geschnittenen Korianderblättern und Frühlingszwiebeln bestreuen, und mit Sesamöl und Pfeffer abschmecken.

# Goi Cuon – Sommerrollen

## ZUTATEN für 16 Stück

- 250 g Schweinefleisch
- 16 mittelgroße Shrimps
- 50 g Reisnudeln
- ein paar Blätter Salat
- 1 Stück Salatgurke
- 1/2 Bund Koriander
- 1/2 Bund Pfefferminze
- 16 Blätter Reispapier (im Asia-Shop erhältlich)
- 1 EL Erdnussbutter
- 1 EL Hoisin-Sauce
- 2 EL Milch
- 1 Prise Zucker
- 3 EL zerstoßene ungesalzene Erdnüsse
  (im Asia-Shop erhältlich)
- Chilipulver

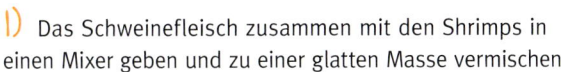
Die Füllung kann beliebig variiert werden. Von gebratenem Huhn über gegrillten Fisch bis hin zu rein vegetarischen Kombinationen.

1) Das Schweinefleisch zusammen mit den Shrimps in einen Mixer geben und zu einer glatten Masse vermischen.

2) Die Reisnudeln ca. 2 bis 3 Minuten in kochendes Wasser geben, bis sie bissfest sind. Abtropfen lassen. In der Zwischenzeit den Salat und die Gurke waschen. Die Kräuter abspülen, trocken schütteln und fein hacken. Den Salat in kleinere Stücke reißen, die Gurke in Streifen schneiden. Wenn alle Zutaten fertig vorbereitet sind, das Reispapier kurz in warmes Wasser tauchen, damit es aufweichen kann.

3) Die einzelnen Zutaten auf die Reispapierblätter verteilen und rollen. Dazu die Masse an den Rand des Papiers geben und unter möglichst großer Spannung einrollen. Dabei kurz nach Rollbeginn die Seiten einschlagen, um die Röllchen zu verschließen. Das eingeweichte Reispapier verklebt gut und hält den Inhalt fest zusammen.

4) Für die Tuong-Sauce je 1 EL Erdnussbutter und Hoisin-Sauce mit 2 EL Milch und 1 Prise Zucker in eine kleine Schüssel geben und gut miteinander verrühren, bis eine glatte Masse entsteht. Die zerstoßenen Erdnüsse unterrühren und nach Geschmack ein wenig Chili zufügen.

5) Serviert werden die Goi Cuon entweder mit Fisch- oder Tuong-Sauce.

# Chuoi Chien – Banane im Teigmantel mit Vanilleeis

## ZUTATEN für 4 Personen

– 4 EL Weizenmehl

– 4 EL Kartoffelmehl

– 1/2 EL Backpulver

– 4 EL Sonnenblumenöl

– 2 Bananen

– 4 Kugeln Vanilleeis

– etwas Honig

– Öl zum Ausbacken

1) Weizen- und Kartoffelmehl und Backpulver zusammen mit 2 EL Öl in eine Schüssel geben und so viel Wasser einrühren, bis ein glatter flüssiger Backteig entsteht.

2) Die geschälten Bananen im Teig wenden, bis sie vollkommen bedeckt sind. In reichlich Öl goldgelb ausbacken und auf Küchkrepp entfetten.

3) Die noch heißen Chuoi Chien in fingerbreite Stücke schneiden, etwas Honig darübergeben und zusammen mit jeweils einer Kugel Vanilleeis servieren.

# Bund der Pfadfinderinnen und Pfadfinder e.V. (BdP) Stamm Feuerreiter Stuttgart

Der Pfadfinderstamm Feuerreiter wurde 1974 in Stuttgart-Botnang gegründet. Jedes Jahr organisieren wir ein Pfingst- und ein Herbstzeltlager, in den Sommerferien geht es auf große Fahrt, zum Beispiel nach Schweden oder Marokko.

In unseren Zeltlagern leben wir weitab vom Alltag, ohne Strom und großen Komfort. Es gibt viel zu erleben, wir sitzen nicht nur am Lagerfeuer! Bei unseren Abenteuern wird jeder gebraucht; alle Entscheidungen werden gemeinsam getroffen, alle Schwierigkeiten zusammen gelöst.

Auf unseren Reisen in ferne Länder lernen wir abseits der Touristenpfade immer wieder Einheimische kennen, die uns ein neues Lied oder ein leckeres Kochrezept mit auf die Heimreise geben.

Am besten gefallen uns die Gerichte aus Marokko (*Tajine*) und dem Libanon (*Taboulé*). Ein echtes Nationalgericht in Quebec (Kanada) ist die *Poutine*, eine Art Pommes frites mit Brauner Sauce, Käse und scharfen Merguez-Würstchen. Die Originalzutaten sind in Deutschland kaum zu bekommen, daher haben wir mit Zutaten gekocht, die den Originalzutaten sehr nahe kommen.

# Tajine

## ZUTATEN für 6 Personen

- 150 ml Olivenöl
- 4 Zwiebeln, fein gehackt
- 1 1/2 TL Salz
- 1 TL schwarzer Pfeffer, gemahlen
- 750 g Hähnchenbrust
- 1 Messerspitze Safran, alternativ Kurkuma
- 750 g Backpflaumen
- 5 Karotten, in Scheiben geschnitten
- 4 Tomaten, in Stücke geschnitten
- 1 1/2 TL Zimt, gemahlen
- 1/2 TL Ingwer, gemahlen
- abgeriebene Schale von 1 Bio-Zitrone

1) Olivenöl, die Hälfte der gehackten Zwiebeln, Salz, Pfeffer und Gewürze verrühren. Die Hähnchenbrust in mundgerechte Stücke schneiden und in der Olivenöl-Mischung marinieren.

2) Etwas Öl in der Tajine oder einem Schmortopf erhitzen und das Fleisch hinzugeben. Wenn das Fleisch leicht goldgelb ist, den Safran in etwas Wasser auflösen und darübergießen.

3) Pflaumen, Karotten, Tomaten, die restlichen Zwiebeln, Zimt, Zitronenschale und Ingwer dazugeben und ca. 1 Stunde garen lassen. Je nach Bedarf zwischendurch Wasser nachgießen.

4) Das fertige Gericht zu Couscous und Fladenbrot servieren.

> Eine Tajine ist ein traditionelles marokkanisches Schmorgefäß aus Lehm. Darin werden die Zutaten besonders schonend gegart. Gerichte, die darin zubereitet werden, bezeichnet man ebenso als Tajine. Dies ist nur eine von vielen Variationen.

# Poutine

## ZUTATEN für 4 Personen

- 1 kg Kartoffeln, fest kochend
- Pflanzenöl
- 2 Päckchen „fromage en grains" (ungepresster Käsebruch vom Cheddar)
- 4 Merguez (scharfe Lammwürstchen)
- 1 Flasche „Sauce brune" (500 ml)

1) Kartoffeln schälen und in Pommes-frites-Stifte schneiden. Viel Öl in eine Pfanne oder einen Topf geben und erhitzen. Die Kartoffeln frittieren, herausnehmen und eine Viertelstunde abkühlen lassen. Anschließend nochmals frittieren.

2) Währenddessen die Merguez mit Öl in einer Pfanne braten und klein schneiden.

3) Die fertigen Pommes frites in eine Schüssel geben und den Käse, die Sauce und die Merguez unterheben.

Die Poutine kann man als das National-gericht der kanadischen Provinz Québec bezeichnen. Sie ist dort so beliebt, dass sie sogar von den großen Fast-Food-Ketten ins Angebot aufgenommen wurde. Leider wird sie außerhalb Québecs kaum angeboten. Ein Grund mehr, die Poutine selbst zuzubereiten.

Ein paar Anmerkungen zu den Zutaten: Die originale „Sauce brune" und der für die Poutine notwendige Käse „fromage en grains" sind in Europa leider so gut wie gar nicht zu bekommen. Alternativ kann Barbe-cue-Sauce und mittelalter Gouda genommen werden. Für die Merguez-Würstchen ist spanische Chorizo ein guter Ersatz.

# Taboulé

## ZUTATEN für 4 Personen

- 200 g Couscous
- 4 Tomaten, in Würfel geschnitten
- 1/2 Salatgurke,
  in kleine Würfel geschnitten
- 1 Zwiebel, fein gehackt
- 2 Knoblauchzehen, fein gehackt
- 1 Bund Petersilie, fein gehackt
- 1/2 Bund Koriander
- Minze, fein gehackt
- Salz, Pfeffer
- 5 EL Zitronensaft
- 5 EL Olivenöl
- Essig

1) Couscous nach Packungsanleitung zubereiten. Abkühlen lassen.

2) Tomaten, Gurken, Zwiebeln, Knoblauch, Kräuter, Salz, Pfeffer, Zitronensaft und Olivenöl in einer Schüssel mischen. Den Couscous unterheben.

3) Wer will, kann das Taboulé mit etwas Essig abschmecken.

Taboulé ist ein Salat aus dem Libanon. In Europa ist er vor allem in Frankreich sehr beliebt, wo man ihn fertig zubereitet in fast jedem Supermarkt finden kann. Im Originalrezept wird Bulgur anstelle von Couscous verwendet.

# Schokofrüchte

Nicht ohne Grund eines der beliebtesten Gerichte im Zeltlager. Doch auch im Herbst oder Winter auf einer Hütte sorgen die Früchte für super Stimmung.

## ZUTATEN für 4 Personen

– 2 Bananen

– 2 Mandarinen

– 2 Äpfel (nicht sauer)

– 250 g Erdbeeren

– 1 Ananas und was man
   sonst so in Schokolade tunken kann …

– 400 g Schokolade

1) Die Früchte klein schneiden.

2) Schokolade im Wasserbad schmelzen. Besonders geeignet ist dafür ein Schoko-Fondue-Set.

3) Früchte mit einer Gabel aufspießen, in die flüssige Schokolade tunken und genießen.

# Jugendgruppe „Pontiaki Estia"

Junge Griechen aus dem Pontos – das sind wir! In unserem Verein bieten wir vielerlei kulturelle oder sportliche Aktivitäten an, zum Beispiel Filmabende, Konzerte, Tanzgruppen, Sport- und Informationsveranstaltungen.

Unsere Vorfahren ließen sich vor über 3000 Jahren an der Küste des Schwarzen Meeres nieder. Nach dem Ersten Weltkrieg mussten die pontischen Griechen das Gebiet der heutigen Türkei verlassen und konnten nur wenige Dinge aus ihrer Heimat mitnehmen.

Wir bewahren die Erinnerung an ihre Traditionen mit Musik, Tänzen und Gesängen, die wir auch an die nächsten Generationen weitergeben wollen. Dazu gehören auch die alten Kochrezepte, die unsere Vorfahren aus dem Pontos mitbrachten.

Mit diesem Kochbuch haben wir die Gelegenheit, ein paar Leckerbissen der pontischen Esskultur zu präsentieren. Es gibt *Otia*, ein süßes Gebäck in Schleifenform, *Varenika* (mit Feta gefüllte Teigtaschen), *Hähnchenschlegel mit Reis* und *Piroski* – guten Appetit!

# Varenika – Gefüllte Teigtaschen

## ZUTATEN für 6–8 Personen

- 900 g Mehl
- Salz
- ca. 300 ml Wasser
- 500 g Feta-Käse (zerbröselt) oder Quark
- Öl
- 4–5 EL Butter (zerlassen und heiß)

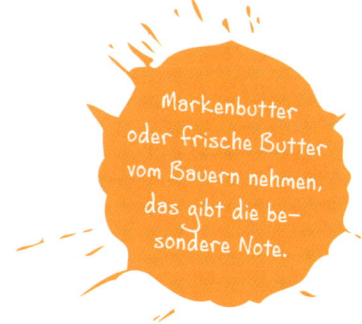

Markenbutter oder frische Butter vom Bauern nehmen, das gibt die besondere Note.

1) Mehl und Salz in einer Schüssel vermischen. Wasser nach und nach zufügen und alles zu einem festen Teig verarbeiten.

2) Den Teig halbieren, zwei Kugeln formen und zu zwei großen, dünnen Teigplatten ausrollen. Arbeitsplatte und Nudelholz mit Mehl bestreuen, damit der Teig nicht klebt. Mit einem Glas runde, kleine Plätzchen ausstechen.

3) Mit einem Teelöffel Feta-Käse oder Quark als Füllung auf die Teigplätzchen geben und an den Rändern fest zusammendrücken.

4) In einem großen Topf Wasser zum Kochen bringen, salzen und etwas Öl hinzugeben. Die Teigtaschen dann nach und nach in das sprudelnd kochende Wasser geben. Die Teigtaschen ab und an bewegen, damit sie nicht aneinander oder am Topf ankleben. Sobald sie nach oben steigen, mit einem Schaumlöffel herausnehmen und auf eine Servierplatte legen.

5) Mit zerlassener Butter übergießen.

*Nach einem Rezept von Frau Thomais Kiziridou.*

# Hähnchenschlegel mit Reis aus dem Backofen

## ZUTATEN für 4 Personen

- 4 Hähnchenschlegel
- 1 Zwiebel
- 1 Dose geschälte Tomaten
- 2 Tassen Langkornreis
- 1 EL Butter
- Salz, Pfeffer
- Oregano

1) Hähnchenschlegel waschen und trocken tupfen. Zwiebel abziehen und in Würfel schneiden. Die Tomaten mit dem Pürierstab zerkleinern. Reis gründlich abspülen und abtropfen lassen.

2) Butter in einen Topf geben und erhitzen. Zwiebeln darin andünsten, bis sie goldbraun werden. Hähnchenschlegel in den Topf legen und auf beiden Seiten anbraten. Die pürierten Tomaten dazugeben und mit Salz, Pfeffer und Oregano abschmecken. 15 Minuten kochen lassen.

3) Den Backofen auf 200 °C (Umluft) vorheizen. Den Reis in einem tiefen Backblech verteilen. Die Hähnchenschlegel aus denn Topf nehmen und auf dem Reis verteilen. Den Sud gleichmäßig über den Reis mit den Hähnchenschlegeln gießen. Der Reis sollte komplett mit Flüssigkeit bedeckt sein. Falls die Flüssigkeit nicht ausreicht, mit Wasser auffüllen.

4) Nochmals mit Salz, Pfeffer und Oregano abschmecken und ca. 45 Minuten backen.

*Nach einem Rezept von Frau Thomais Kiziridou.*

# Piroski

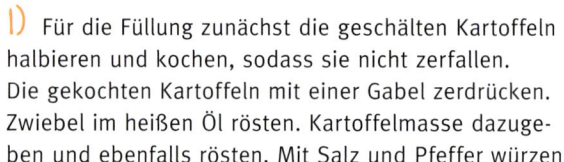

## ZUTATEN für 4–6 Personen

**für den Teig:**

- 800 g Mehl
- 1 Becher Joghurt
- 3 Eier
- Salz
- 1/2 Tasse Sonnenblumenöl
- 2 EL zerlassene Butter
- Mehl zum Ausrollen
- Öl zum Braten
- ca. 250 ml Wasser

**für die Füllung:**

- 4 große Kartoffeln
- 1 Zwiebel, fein gehackt
- 1/2 Tasse Öl
- Salz
- 1 Prise roter Pfeffer

Die Piroski werden sowohl warm als auch kalt serviert.

1) Für die Füllung zunächst die geschälten Kartoffeln halbieren und kochen, sodass sie nicht zerfallen. Die gekochten Kartoffeln mit einer Gabel zerdrücken. Zwiebel im heißen Öl rösten. Kartoffelmasse dazugeben und ebenfalls rösten. Mit Salz und Pfeffer würzen.

2) Für den Teig Mehl, Joghurt, Eier, Salz, Sonnenblumenöl und Butter in einer Schüssel mischen. Das Wasser nach und nach zufügen und alles zu einem festen Teig verarbeiten. Eventuell etwas weniger Wasser nehmen.

3) Den Teig in kleine Stücke teilen, zu etwa 5 Zentimeter großen Bällchen formen und auf einer mit Mehl bestreuten Arbeitsplatte ausrollen. Füllung mit einem Teelöffel auf den ausgerollten Teig geben. An den Rändern zusammendrücken und Teigtaschen formen. In heißem Öl beidseitig anbraten, bis sie goldbraun sind.

*Nach einem Rezept von Frau Thomais Kiziridou*

In Russland oder auf dem Balkan sind verschiedene Rezepte unter ähnlichem Namen bekannt. Dieses Rezept stammt aus der Provinz Kars, die in der Türkei liegt.

# Otia – Süße Gebäckschleifchen

## ZUTATEN für 6–8 Personen

– 10 Eier

– 1/2 Tasse Zucker

– Hirschhornsalz

– 1/2 Tasse Milch

– 4 Päckchen Vanillezucker

– 1 kleiner Becher Joghurt

– 1 Prise Salz

– Mehl

– Öl zum Ausbacken (bevorzugt Maisöl)

– Zimt & Zucker zum Bestreuen

1) Die Eier mit dem Zucker in einer Schüssel verquirlen. Das Hirschhornsalz in der Milch auflösen und dazugeben. Anschließend Vanillezucker, Joghurt, Salz und nach und nach das Mehl hinzufügen. Alles zu einem festen Teig verarbeiten.

2) Den Teig zu faustgroßen Kugeln formen und diese auf einer mit Mehl bestreuten Arbeitsplatte zu 2 Zentimeter dicken Teigplatten ausrollen. Die Teigplatten in 10 Zentimeter lange Streifen schneiden. Genau in der Mitte des Streifens ein kleines Loch stechen und ein Ende durch die Öffnung hindurchziehen, sodass Schleifchen entstehen.

3) Die Otia in heißem Öl ausbacken, bis sie goldbraun werden. Mit einem Schaumlöffel aus der Pfanne nehmen und auf eine Servierplatte legen.

4) Mit Zimt und Zucker bestreuen und servieren.

*Nach einem Rezept von Frau Thomais Kiziridou.*

Man kann den Teig auch zu anderen Figuren formen, zum Beispiel zu Doppelschleifen. Dazu drückt man beide Enden in der Mitte des Streifens zusammen.

# Christlicher Verein Junger Menschen (CVJM)

Immer, wenn es heißt: „Endlich Ferienbeginn!", starten auch unsere Freizeiten. Geboten wird ein umfangreiches Programm für verschiedene Alters- und Interessengruppen. Wir sind offen für Menschen aus allen sozialen und konfessionellen Richtungen.

Gegründet wurde der CVJM Stuttgart schon 1861 mit dem Anliegen, jungen Menschen einen Raum für Gemeinschaft und christliche Werte zu bieten. Über 1200 Mitglieder tragen und finanzieren den Verein.

Auf unseren Freizeiten darf natürlich das leibliche Wohl nicht zu kurz kommen! Wer hat denn noch gute Laune, wenn das Essen nicht schmeckt oder nicht für alle reicht? Unsere Gerichte sind erprobte Rezepte, die man leicht für 30 bis 40 Personen zubereiten kann, die lecker schmecken und bei unseren Freizeitteilnehmerinnen und -teilnehmern großen Anklang finden.

Wir wünschen guten Appetit bei *Pizzasuppe*, *Rahm-Wurst-Gulasch*, *Sahnelinsen mit Bandnudeln* und dem *Pfirsichtraum*!

# Pizzasuppe

## ZUTATEN für 8 Personen

- 2 Zwiebeln
- 1–2 Knoblauchzehen
- 1 EL Öl
- 250 g gemischtes Hackfleisch
- 1 1/2 TL Fleisch- oder Gemüsebrühenpulver
- 1/4 TL weißer Pfeffer
- 1 EL Pizzagewürz
- 1 TL Paprikapulver (edelsüß oder scharf, je nach Geschmack)
- 1 TL Curry
- 500 g passierte Tomaten
- 1 Dose Mais (mit Sud aus der Dose)
- 1 Glas geschnittene Champignons (mit Sud aus dem Glas)
- 200 g Tomatenpaprika, sauer eingelegt (mit 50 g Sud aus dem Glas)
- 70 g Sahneschmelzkäse
- 100 g Kaffeesahne
- Tabasco

1) Zwiebeln und Knoblauchzehen klein schneiden und in Öl glasig dünsten. Hackfleisch und Gewürze zugeben und 5 Minuten anbraten.

2) Tomaten, Mais, Champignons und Tomatenpaprika jeweils mit dem Saft aus der Dose zufügen. Zum Schluss Schmelzkäse und Kaffeesahne untermischen und alles 15 Minuten kochen lassen. Mit ein paar Spritzern Tabasco abrunden.

# Rahm-Wurst-Gulasch

## ZUTATEN für 4 Personen

- 1/2 Fleischwurstring
- 1 EL Butter
- 1 Zwiebel
- 200 g Champignons, geputzt und in Scheiben geschnitten
- 1 Möhre
- 2 EL Tomatenmark
- 2 EL Öl
- 1/2 Dose Mais
- 60 g Kräuterfrischkäse
- 100 ml Gemüsebrühe
- 1/2 Becher Schmand
- 1/2 Becher süße Sahne
- Salz, Pfeffer, Paprikapulver

1) Fleischwurst pellen, in 1 Zentimeter große Würfel schneiden, mit der Butter anbraten und zur Seite legen.

2) Zwiebeln abziehen und fein hacken, Möhren schälen und grob raspeln. Mit dem Tomatenmark in Öl anbraten. Die Champignons unterrühren. Bei großer Hitze so lange braten, bis die Flüssigkeit verkocht ist. Mais mit dem Saft aus der Dose, Frischkäse, Gemüsebrühe, Schmand und Sahne zugeben und aufkochen.

3) Zum Schluss die angebratene Fleischwurst zugeben und mit Salz, Pfeffer und Paprikapulver würzen.

# Sahnelinsen mit Bandnudeln

## ZUTATEN für 4 Personen

– 200 g Linsen

– 4 Zwiebeln

– 3 Karotten

– 2 kleine Knoblauchzehen

– 40 g Margarine

– 400 ml Sahne

– 70 g Parmesankäse

– Salz, Pfeffer

– 500 g Bandnudeln

1) 750 ml Wasser in einen Topf geben. Die Linsen hineingeben und aufkochen lassen, dann die Temperatur zurückschalten und bei mittlerer Hitze ca. 35 bis 40 Minuten kochen lassen.

2) Karotten schälen und in kleine Würfel schneiden. Zwiebeln und Knoblauch abziehen und fein würfeln.

3) Margarine im Bratentopf erhitzen, das geschnittene Gemüse hinzugeben und ca. 5 Minuten leicht andünsten.

4) Die Sahne hinzufügen und im offenen Topf bei mittlerer Temperatur einkochen lassen, bis die Sauce dicklich ist.

5) Parmesan in die Sauce geben und schmelzen lassen. Mit Salz und Pfeffer würzen. Die Sauce bei niedriger Temperatur warm halten.

6) Die Linsen salzen und abgießen, danach unter die Sauce mischen. Dazu Bandnudeln nach Packungsanleitung zubereiten und zu den Sahnelinsen servieren.

# Pfirsichtraum

## ZUTATEN für 4 Personen

- 300 g Pfirsiche aus der Dose
- 375 g Quark
- 300 ml Sahne
- 1 Päckchen Sahnesteif
- 1 *EL* Zucker
- 1 Päckchen Vanillezucker
- Vanillesaucen-Pulver für 300 ml Sauce
  zum Kaltanrühren

1) Die Pfirsiche abtropfen lassen, dabei den Saft aus der Dose auffangen. Eine Pfirsichhälfte beiseitelegen. Restliche Pfirsiche klein schneiden und als unterste Schicht in eine Glasschüssel geben.

2) Den Quark mit Vanillezucker und Zucker verrühren. Die mit Sahnesteif steifgeschlagene Sahne unterheben. Als zweite Schicht auf die Pfirsiche geben.

3) Für die Sauce die zurückgelegte Pfirsichhälfte klein schneiden, pürieren und mit dem Saft aus den Pfirsichdosen mischen. Evtl. mit Wasser auf 300 Milliliter auffüllen.

4) Kurz vor dem Servieren das Saucenpulver zum Pfirsichsaft geben und glatt rühren. Die Sauce dann als dritte Schicht über die Quarkmasse gießen.

# Jugendgruppe des kroatischen Kulturvereins „Velebit"

Der Velebit ist ein Gebirge in Kroatien, das sich imposant zwischen der Adria und dem Landesinneren erhebt. Viele kennen es aus den „Winnetou"-Filmen.

Damit die kroatische Kultur in Stuttgart nicht in Vergessenheit gerät, bieten wir in unserer Jugendgruppe unter anderem Folklore aus dem kroatischen Kulturkreis, Tänze, Musik, Ausstellungen, Theatervorführungen und Kurse an. Wir arbeiten oft mit verschiedenen Kulturen zusammen oder haben internationale Gäste, daher hat uns die Idee des interkulturellen Kochbuchs sehr gefallen.

Bei der Rezeptauswahl haben wir uns auf die landestypische Küche konzentriert. Aus verschiedenen Gebieten Kroatiens wurden beliebte Hauptgerichte und Süßspeisen zusammengestellt, die bei keiner Feierlichkeit fehlen dürfen: *Pura s mlincima* (Pute) mit *Mlinci*, *Sarma* (Krautwickel), *Pfannkuchen mit Walnüssen* und *Nusskuchen*.

*Mlinci* ist eine Art gebackener Fladen, der erst getrocknet, zerteilt und dann in heißem Wasser gegart wird. Er wird als Beilage gereicht. In den meisten kroatischen Lebensmittelgeschäften gibt es ihn fertig zu kaufen.

# Orahnjača – Gerollter Nusskuchen

## ZUTATEN für 2 Stück

**für den Teig:**

- 30 g frische Hefe
- 100 ml lauwarme Milch
- 60 Zucker
- 500 g Mehl
- 2 Eier
- 100 ml Milch
- 70 g Butter
- abgeriebene Schale von 1/2 Bio-Zitrone
- 1 TL Rum (wenn Kinder mitessen, ein paar Tropfen Rum-Aroma verwenden)
- 1 Prise Salz

**zum Bestreichen:**

- 2 Eigelbe
- etwas Milch

**für die Füllung:**

- 500 g gemahlene Walnüsse
- 100 ml heiße Milch
- Zimt
- abgeriebene Schale von 1/2 Bio-Zitrone
- 2 TL Rum (wenn Kinder mitessen, ein paar Tropfen Rum-Aroma verwenden)
- 100 g Zucker
- 40 g weiche Butter
- 1 Tütchen Vanillezucker
- 100 g gehackte Walnüsse

1) Für den Teig die Hefe mit der lauwarmen Milch und einem EL Zucker in einer Schüssel anrühren und mit einem Tuch abdecken. Das Mehl in eine Schüssel sieben, in die Mitte eine Mulde drücken, die Eier, den restlichen Zucker, die restliche Milch, Butter, Zitronenschale, Rum und Salz und die Hefe-Milch-Mischung dazugeben. Die Zutaten von außen langsam unterrühren, bis ein glatter Teig entsteht. Den Teig ca. 30 Minuten an einem warmen Ort zugedeckt gehen lassen.

2) In der Zwischenzeit für die Füllung die gemahlenen Walnüsse mit den restlichen Zutaten verrühren.

3) Den aufgegangenen Teig nochmals durchkneten. Die Hälfte des Teiges auf einer bemehlten Arbeitsplatte quadratisch ca. 1 Zentimeter dick ausrollen, mit der Hälfte der Füllung bestreichen und der Hälfte der gehackten Walnüsse bestreuen und den Teig aufwickeln. Mit der anderen Hälfte des Teiges ebenso verfahren, sodass zwei Nussrollen entstehen.

4) Eine quadratische Backform mit etwas Butter ausstreichen und die beiden Rollen einlegen. Die Nussrollen abgedeckt weitere 30 Minuten an einem warmen Ort gehen lassen.

5) Zwei Eigelbe mit etwas Milch verrühren und die beiden Teigrollen damit bestreichen. Die Teigrollen im vorgeheizten Backofen bei 180–200 °C ca. 1 Stunde backen. Abkühlen lassen und in Scheiben schneiden.

# Walnusspfannkuchen mit Weinsato

## ZUTATEN für 4 Pfannkuchen

**für den Teig:**
- 130 g Mehl
- 1/4 l Flüssigkeit (Milch oder Mineralwasser)
- 1 Ei
- 1 Msp. Salz
- Öl

**für die Füllung:**
- 80 g gehackte Walnüsse
- 20 g Zucker
- 1/2 TL Zimt
- 1 Tütchen Vanillezucker

**für die Weincreme:**
- 2 Eigelbe
- 2 Eier
- 2 EL Zucker
- 30 ml Weißwein (oder alkoholfreier Wein)

1) In einer tiefen Schüssel das Ei mit dem Salz verrühren. Mehl und nach und nach Milch oder Wasser hinzufügen und gut verschlagen, dass ein flüssiger Pfannkuchenteig entsteht.

2) Etwas Öl in einer beschichteten Pfanne erhitzen und mit einem kleinen Schöpflöffel den Teig hineingeben. Die Pfanne dabei so drehen, dass sich der Teig gleichmäßig auf dem Pfannenboden verteilt. Wenn die untere Seite des Pfannkuchens eine leicht gelbbräunliche Farbe bekommt, den Pfannkuchen wenden. Die fertigen Pfannkuchen warmstellen.

3) Für die Füllung die Walnüsse mit Zucker, Zimt und Vanillezucker mischen.

4) Für die Weincreme Eigelbe, Eier und Zucker mit dem Handmixer gut verrühren, sodass sich der Zucker auflöst. Die Schüssel dann in ein heißes Wasserbad stellen und unter Rühren nach und nach den Weißwein hinzufügen. Weiterschlagen, bis ein dichter Schaum entsteht.

5) Die fertigen Pfannkuchen mit der Walnussmischung füllen, auf einem vorgewärmten Teller anrichten und mit etwas Weincreme übergießen. Warm servieren.

# Pura s mlincima – Pute mit Mlinci

## ZUTATEN für 6 Personen

- 1 junge Pute (ca. 2–3 kg)
- 2 EL Vegeta

für die Mlinci:

- 500 g Mehl
- Salz
- ca. 200 ml lauwarmes Wasser

1) Die Pute säubern, unter fließendem, kalten Wasser abspülen, trocken tupfen und innen und außen mit Vegeta (Gewürzmischung mit getrocknetem Gemüse) einreiben. Eine Stunde ziehen lassen.

2) Die marinierte Pute im Backofen bei 180–200 °C ca. 120 bis 150 Minuten garen. Während der Garzeit, das Fleisch immer wieder mit dem eigenen Saft und Wasser übergießen, um ein Austrocknen zu verhindern. Größere Puten benötigen eine längere Garzeit. Als Faustregel gilt: Pro Kilogramm ca. 1 Stunde Garzeit.

3) Ca. 30 Minuten vor Ende der Garzeit für die Mlinci Mehl, Salz und so viel lauwarmes Wasser miteinander verkneten, dass ein fester, glatter Teig entsteht. Die Teigmasse in vier bis fünf gleich große Stücke teilen. Die Teigportionen mit einem Nudelholz ca. 2 Millimeter dünn ausrollen und im Backofen am besten auf

Backpapier so lange backen, bis sie nach ca. 15 Minuten ganz trocken sind. Die so entstandenen Fladen in briefmarkengroße Stücke reißen und in einer Schüssel mit dem heißen Putensaft begießen.

4) Die Mlinci zusammen mit der Pute und einem Salat servieren. Als Getränk empfiehlt sich ein Weißwein, zum Beispiel ein „Hrvatica".

Mlinci sind eine Art gebackener Fladen, der erst getrocknet, dann in Stücke gerissen und mit heißem Wasser oder Brühe übergossen wird. Mlinci werden wie Nudeln als Beilage gereicht. Es gibt sie, wie auch die Gewürzmischung „Vegeta", in den meisten internationalen Spezialitätengeschäften fertig zu kaufen.

# Sarma – Krautwickel mit Hackfleisch

## ZUTATEN für 4 Personen

- 2 kg Weißkohl
- 2 EL Fant
- 100 g durchwachsener Speck
- etwas Fett
- 500 g gemischtes Hackfleisch
- 40 g Reis
- 1 EL Mehl
- 2 EL Fett
- 100 g Trockenfleisch
- 2 EL Tomatenmark
- 1 EL Vegeta

Fant ist eine kroatische Gewürzmischung für gefüllte Paprika und Krautwickel.

1) 12 größere Blätter vom Krautkopf abtrennen, waschen und den dicken Teil von jedem Blatt abschneiden. Das übrige Kraut klein schneiden und beiseitestellen.

2) Fant in 100 ml lauwarmen Wasser einrühren und etwa 10 Minuten stehen lassen. Den Speck in kleine Würfel schneiden.

3) Den Speck in wenig Fett anbraten. Hackfleisch, Fant und Reis hinzufügen und alles gut verrühren. Die Füllung auf den Krautblättern verteilen und jeweils zu Rouladen wickeln.

4) 2 EL Fett in einen tiefen Topf geben und das übrige Kraut darin leicht anschwitzen. Die Krautwickel auf dem Kraut eng nebeneinander anordnen. Das Trockenfleisch klein schneiden und auf die Krautwickel geben. Tomatenmark mit Vegeta in einem Liter Wasser auflösen, angießen und aufkochen lassen. Danach bei kleiner Hitze ca. 1 Stunde bei fast geschlossenem Deckel weiterkochen. Nach Bedarf etwas Wasser nachgießen.

5) Kurz vor Ende der Garzeit 1 EL Mehl mit 3 EL Wasser glatt rühren und vorsichtig unter die Krautwickel mischen.

89

# Deutsche Jugend in Europa – „Egerländer Sing- und Tanzkreis Stuttgart"

Die böhmische Küche wurde nicht nur von den Böhmen und Österreichern, sondern auch von uns, den Egerländern, geprägt. Es ist eine eher deftige und herzhafte Hausmannskost, die zum Nachtisch eine Vielzahl an süßen Mehlspeisen kennt.

Böhmen war früher ein Teil der Donaumonarchie, heute liegt es in der Tschechischen Republik. Verarbeitet und gekocht wurde früher fast ausschließlich, was das Land und der Boden gerade hergaben. Schweinefleisch war am einfachsten herzustellen. Frisches Gemüse gab es nur während der Saison mit Ausnahme des Wintergemüses, wie zum Beispiel Kraut.

Diese Zutaten finden sich auch in unserem Gericht wieder: „Schweinas, Kraut und Knia(d)la" *(Schweinebraten, Kraut und Hefeknödel)*, das man getrost als Egerländer Nationalgericht bezeichnen kann. Die Pilze des böhmischen Waldes dürfen auf unserem Speiseplan aber auch nicht fehlen. In vielen Liedern, Witzen und Mundartgedichten wird die „Pilzsuche" beschrieben. Wir belassen es bei der *Pilzsuppe*.

Mit der Auswahl des *Scheiterhaufens* zum Nachtisch möchten wir dem Einfluss der Österreicher auf die Egerländer Küche gerecht werden.

„Schweinas, Kraut und Knia(d)la" sind bei jeder Egerländer Veranstaltung ein Muss!

# Pilzsuppe

## ZUTATEN für 4 Personen

– 300–500 g frische verschiedene Pilze
(zum Beispiel Champignons, Steinpilze,
Seitlinge, Stockschwämmchen, Pfifferlinge)
oder 50 g getrocknete Pilze

– 1 kleine Zwiebel

– 40 g Fett

– 1 1/4 l Wasser

– Salz

– nach Belieben: Petersilie und Kümmel

– 2 EL saure Sahne

für die Einbrenne außerdem:

– 50 g Mehl

## Mit getrockneten Pilzen

1) Die Pilze 1 Stunde in heißem Wasser einweichen
und anschließend darin weichkochen.

2) Pilze aus der Brühe nehmen, dabei die Brühe auffangen und beiseitestellen. Die Pilze fein schneiden.
Die Zwiebel abziehen und fein hacken.

3) Für eine mittelhelle Einbrenne das Fett in einem
Topf erhitzen, die Zwiebel darin leicht anbraten, das
Mehl hinzufügen und goldgelb anschwitzen. Die Pilze
hinzufügen und vorsichtig unter Rühren nach und nach
mit Pilzbrühe auffüllen.

4) Salz und Kümmel nach Geschmack dazugeben,
1/2 Stunde kochen lassen und zum Schluss mit saurer
Sahne, Petersilie und Gewürzen abschmecken.

## Mit frischen Pilzen

1) Die frischen Pilze putzen und klein schneiden.
Die Zwiebel abziehen und fein hacken.

2) In einem ausreichend großen Topf die Zwiebel im
Fett anbraten, die Pilze hinzufügen und bei mittle-
rer Hitze dünsten. Salz und Kümmel dazugeben, mit
Wasser auffüllen und alles kurz weichkochen lassen.

3) Zum Schluss die saure Sahne und die Petersilie
dazugeben und abschmecken.

# Scheiterhaufen

## ZUTATEN für 12 Personen

- 20 altbackene Brötchen
- 50 g Mehl
- 3 Eier
- 100 g Zucker
- 2 l Milch
- abgeriebene Schale einer unbehandelten Zitrone
- 500–750 g Äpfel
- Butter für die Auflaufform
- 50 g Rosinen
- 50 g Butter

1) Die Brötchen in dünne Scheiben schneiden und in eine große Schüssel legen. Mehl, Milch, Eier, Zucker und geriebene Zitronenschale gut verquirlen, über die Brötchen in die Schüssel gießen und durchziehen lassen.

2) In der Zwischenzeit die gewaschenen Äpfel in dünne Schnitze schneiden. Eine große Auflaufform ausbuttern. Immer abwechselnd eine Lage Brötchen und eine Lage Äpfel mit Rosinen einschichten. Die oberste Schicht sollte aus Brötchen bestehen. Die vom Einweichen übrige Eiermilch über den Auflauf gießen, mit Butterflöckchen belegen und im vorgeheizten Backofen bei 180 °C ca. 45 Minuten goldgelb backen.

# Schweinebraten

## ZUTATEN für 4 Personen

– 800 g Schweinefleisch (Hals, Schlegel
 oder Bug)

– Salz

– evtl. etwas Knoblauch und Kümmel

– Fett zum Anbraten

– 1/4 l kochendes Wasser

1) Das Fleisch unter fließendem, kalten Wasser abspülen und trocken tupfen. Die Schwarte kreuzweise einschneiden. Mit Salz und nach Geschmack mit Knoblauch und Kümmel einreiben.

2) Das Fett in einem feuerfesten Bräter erhitzen und das Fleisch darin scharf anbraten. Mit dem kochenden Wasser übergießen und im vorgeheizten Ofen bei 200 °C 1,5–2 Stunden knusprig braten. Dabei das Fleisch nach der Hälfte der Bratzeit wenden und häufig mit dem Bratensud begießen.

# Serviettenknödel

## ZUTATEN für 4 Personen

- 2 altbackene Brötchen
- 30 g Butter
- 300 g Mehl
- 2 Eier, getrennt
- Salz
- 1/2 l Milch
- Butter zum Beträufeln

1) Die Brötchen in etwa 1 Zentimeter große Würfel schneiden, goldgelb in Butter rösten und auskühlen lassen.

2) Mehl, Eigelbe und Salz verrühren und so viel Milch dazugeben, dass ein cremiger Teig entsteht. Die ausgekühlten Brötchenwürfel unter den Teig rühren. Die Eiweiße zu steifem Schnee schlagen und unter die Teigmasse heben.

3) Den Teig mittig auf eine mit kaltem Wasser eingeweichte und gut ausgedrückte Stoffserviette geben, zu einer Rolle formen und an den Seiten mit Küchengarn zubinden. Die Knödelrolle in kochendes Salzwasser geben und 30 Minuten leise köcheln lassen. Je leichter der Teig ist, desto lockerer wird der Knödel.

4) Kurz vor dem Servieren den Teig aus der Serviette wickeln, in gleichmäßige Scheiben schneiden und nach Geschmack mit zerlassener Butter beträufeln.

# ROJ – Russische Orthodoxe Jugend

Die Jugendorganisation der Russischen Orthodoxen Kirche Sankt Nikolaus existiert seit 1992. Wir verstehen uns als interkulturelle Stätte für christliche Erziehung, Bildung und Kultur basierend auf russischen Traditionen und familiären Werten.

Wir möchten Kindern und Jugendlichen aus Osteuropa die Integration in die deutsche Gesellschaft erleichtern, ihnen aber auch die Beschäftigung mit der Kultur ihrer Heimatländer ermöglichen.

Die Kochaktionen und unsere Arbeit am Kochbuch haben wir als gemeinsamen „Stammtisch" verstanden. Bei einem Stammtisch kommen Menschen zusammen, die viele Gemeinsamkeiten haben, eine Einheit bilden und aufeinander angewiesen sind. Bei uns sind das Menschen mit slawischer Herkunft.

Daher möchten wir im interkulturellen Kochbuch slawische Rezepte vorstellen: *Pelmeni* und einen *russischen Frühlingssalat* aus Tomaten. Es sind klassische russische „Volksrezepte", die jeder nachkochen kann.

# Russischer Frühlingssalat

## ZUTATEN für 4 Portionen

- 200 g Radieschen
- 200 g Cherry-Tomaten
- 1/2 Bund Schnittlauch
- 1/2 Bund frischer Dill
- 60 g saure Sahne
- Salz

1) Die Radieschen putzen, waschen und in feine Scheiben schneiden. Die Tomaten abspülen und halbieren. Den Schnittlauch abspülen, trocken schütteln und in feine Röllchen schneiden. Den Dill abspülen und hacken.

2) Aus Dill, saurer Sahne und etwas Salz ein Dressing rühren und über den Salat geben.

# Pelmeni

## ZUTATEN für 4 Personen

– 400 g Mehl
– 2 Eier
– 150 ml Wasser
– Salz

für die Füllung:

– 1 Zwiebel
– 5 Knoblauchzehen
– 500 g gemischtes Hackfleisch
– Salz und Pfeffer
– saure Sahne oder Butter

1) Aus Mehl, Eiern, Wasser und einer kräftigen Prise Salz einen glatten Teig kneten und auf einer bemehlten Fläche ca. 2 Millimeter dick ausrollen. Mit einem Glas (ca. 5 cm Durchmesser) Plätzchen ausstechen.

2) Für die Füllung Zwiebeln und Knoblauch schälen und klein hacken. Das Hackfleisch mit den Zwiebeln und dem Knoblauch vermischen und mit Salz und Pfeffer würzen.

3) Die Füllung portionsweise auf die Teigplätzchen geben. Die Teigplätzchen falten, sodass Halbkreise entstehen. Die Ränder von Hand oder mit einer Gabel zusammendrücken, sodass die Zinken ein gleichmäßiges Muster erzeugen.

4) In einem Topf Salzwasser aufkochen. Die Pelmeni ins Wasser geben und im Salzwasser kochen lassen, bis sie an die Oberfläche steigen.

5) Pelmeni werden mit saurer Sahne (Smetana) oder zerlassener Butter serviert.

Manche bevorzugen Pelmeni als Suppe. Dazu sollten die Teigtaschen in kochende Brühe gegeben werden und noch einige Minuten nach dem Aufsteigen weiterköcheln. In einem tiefen Teller mit der Kochbrühe und nach Geschmack mit saurer Sahne servieren.

# Trachtenjugend Stuttgart

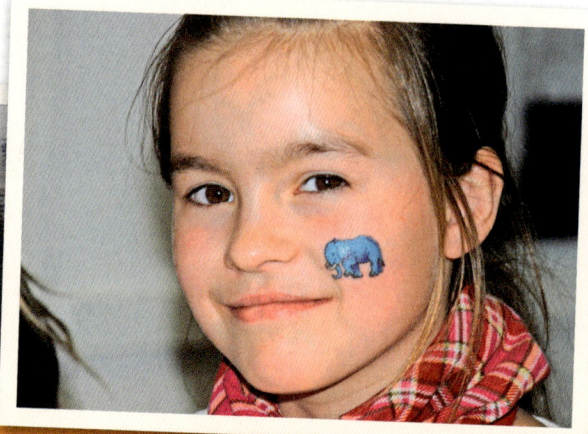

Wir möchten Kindern und Jugendlichen Werte wie Gemeinschaftssinn und Solidarität vermitteln, damit sie sich zu selbstbewussten und eigenständigen Persönlichkeiten entwickeln.

Schwäbische Heimat- und Brauchtumspflege liegt uns am Herzen, daher fiel unsere Rezeptwahl auf den *Gaisburger Marsch*, eine echte regionale Spezialität. Gaisburg ist ein Stadtteil Stuttgarts, nach dem dieses weltberühmte Rezept benannt ist. Um die Herkunft des Namens ranken sich viele Legenden ... Unser Verein ist offen für jedermann und setzt sich aus verschiedenen Nationen und sozialen Schichten zusammen. Diese Vielschichtigkeit findet sich auch in der *Quiche* und der *Lasagne à la Georg* wieder. Georg ist einer unserer langjährigen ehrenamtlichen Mitarbeiter, der auf Zeltlagern und Gruppenabenden dieses Gericht kocht.

Die Teilnahme am interkulturellen Kochbuch hat für uns symbolischen Charakter, denn sie ist ein schönes Beispiel für den Austausch verschiedener Nationen und Kulturen. Und nur wo ein solcher Austausch stattfindet, können Vorurteile abgebaut werden und Freundschaften wachsen.

# Gaisburger Marsch

## ZUTATEN für 4 Personen

- 2 Zwiebeln
- 2 Karotten
- 2 Stangen Sellerie
- 1/2 Bund glatte Petersilie
- 1 Stängel Liebstöckel (Maggikraut)
- 3 EL Öl
- 500 g Suppenfleisch
- 500 g Suppenknochen
- 2 l kaltes Wasser
- 1 EL gekörnte Brühe
- Pfeffer und Salz
- 500 g Kartoffeln
- 1/2 Bund Schnittlauch, in Röllchen geschnitten
- 1/2 krause Petersilie, gehackt

für die Spätzle:

- 500 g Mehl
- 1 TL Salz
- 4 Eier
- evtl. etwas Sprudel

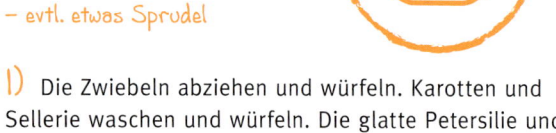

1) Die Zwiebeln abziehen und würfeln. Karotten und Sellerie waschen und würfeln. Die glatte Petersilie und den Liebstöckel abspülen und klein schneiden.

2) In einem Suppentopf das Öl erhitzen, das Gemüse hinzufügen und anschwitzen. Das kalt abgespülte Suppenfleisch und die Suppenknochen dazugeben und anbraten. Das Wasser hinzufügen und mit der gekörnten Brühe, dem Liebstöckel und der Petersilie würzen. Kurz aufkochen lassen, dann die Hitze verringern und das Ganze etwa 2 Stunden köcheln lassen.

3) Die Brühe durch ein Haarsieb geben und mit Salz und Pfeffer würzen. Das Fleisch von den Knochen lösen, klein schneiden und wieder zur Brühe geben.

4) Kartoffeln waschen und schälen. In kleine Spalten schneiden, in die Brühe geben und darin weichkochen.

5) In der Zwischenzeit Spätzle zubereiten. Mehl und Salz in eine Rührschüssel geben. Die Eier nach und nach zugeben und mit einem Rührlöffel so lange schlagen, bis der Teig Blasen wirft. Falls notwendig etwas Sprudel hinzugeben. Wenn der Teig schwer vom Löffel fällt, hat er die richtige Konsistenz. In einem großen Topf Salzwasser zum Kochen bringen. Aus dem Teig entweder von Hand mit einem Messer Spätzle schaben oder mit einer Presse Spätzle in das kochende Wasser drücken. Sobald die Spätzle oben schwimmen, sind sie fertig. Mit einem Schaumlöffel aus dem Wasser nehmen.

6) Die Spätzle in die fertige Brühe geben, auf Tellern anrichten und mit den Kräutern garnieren.

> Sprudelwasser macht die Spätzle besonders locker. Ein großer Teil der Eier kann durch Wasser ersetzt werden. Auch wenn man Eier sparen will, sollten dennoch mindestens zwei Eier auf 500 g Mehl verwendet werden.

# Lasagne à la Georg

## ZUTATEN für 4 Personen

für die Hackfleischsauce:

- 1 Zwiebel
- 2 Knoblauchzehen
- 1 EL Olivenöl
- 400 g gemischtes Hackfleisch
- 1 kleine Dose Pizzatomaten (400 g)
- Tomatenmark nach Bedarf
- Salz, Pfeffer
- italienische Kräuter zum Abschmecken

für die helle Sauce:

- 1 Knoblauchzehe
- 1 Becher Schmand
- 1 Becher Sahne
- Salz, Pfeffer

außerdem:

- Butter für die Auflaufform
- etwa 500 g Lasagneblätter (ohne Vorkochen)
- 150 g Emmentaler, gerieben

1) Für die Hackfleischsauce die Zwiebel und den Knoblauch schälen und fein hacken. Öl in einem Topf erhitzen. Knoblauch, Zwiebel zugeben und andünsten. Hackfleisch hinzufügen und bei starker Hitze scharf anbraten. Die Pizzatomaten dazugeben. Mit Tomatenmark andicken und aufkochen. Mit Salz, Pfeffer und Kräutern abschmecken.

2) Für die helle Sauce den Knoblauch abziehen und fein hacken. Den Schmand mit Sahne, Knoblauch und etwas Salz und Pfeffer verrühren.

3) Eine feuerfeste, eckige Auflaufform mit Butter ausfetten. Abwechselnd Hackfleischsauce, Nudelblätter und weiße Sauce einschichten.

4) Die letzte Schicht sollte Hackfleischsauce sein. Darüber geriebenen Emmentaler streuen.

5) Im vorgeheizten Backofen bei 200 °C ca. 40 bis 45 Minuten backen.

# Spinat-Quiche

## ZUTATEN für 6 Personen

**für den Teig:**
- 250 g Mehl
- 125 g Butter
- 1 Prise Salz
- 50 ml Wasser

**für den Belag:**
- 500 g Spinat (möglichst frisch, ersatzweise TK-Spinat)
- 2 Zwiebeln
- 2 Knoblauchzehen
- 3 TL Gemüsebrühenpulver
- Salz und Pfeffer
- 1 Prise geriebene Muskatnuss
- 1 Prise Chilipulver
- 3 EL Butter
- 3 Eier
- 125 ml Sahne
- 150 g mittelalter Gouda oder Emmentaler, gerieben

1) Für den Teig alle Zutaten verkneten, sodass ein glatter Teig entsteht. Abdecken und ca. 1/2 Stunde ruhen lassen.

2) In der Zwischenzeit Spinat waschen und grob zerkleinern. Die Zwiebeln und den Knoblauch abziehen und fein würfeln. Die Butter in einem flachen Topf erhitzen, und die Zwiebeln und den Knoblauch darin glasig anschwitzen. Den Spinat dazugeben und abgedeckt bei geringer Hitze dünsten. Mit Gemüsebrühe und Pfeffer würzen. Abkühlen lassen.

3) Den Teig ausrollen und den Boden und den Rand einer gebutterten Quicheform damit auslegen. Den Boden mit einer Gabel mehrmals einstechen und bei 180 °C ca. 10 Minuten vorbacken.

4) In der Zeit die Eier mit der Sahne verrühren, mit Salz, Pfeffer, Muskat und etwas Chilipulver würzen und unter den abgekühlten Spinat heben. Das Ganze auf dem vorgebackenen Teig verteilen, mit dem geriebenen Käse bestreuen und im Backofen bei 180 °C ca. 30–45 Minuten weiterbacken.

# Naturfreundejugend Stuttgart

Anlässlich unserer Gründung in Wien im Jahr 1895 haben wir uns auf unsere österreichischen Wurzeln besonnen und möchten den Gaumen der Leser mit Genüssen aus dem Voralpenland verwöhnen: *Germknödel, Reisfleisch ungarische Art, Topfen-Palatschinken* und *Erdäpfelgulasch.*

Wir haben dabei aber nicht nur unsere lokale Herkunft im Sinn, sondern auch die Idee, die hinter unserer Gründung steckte: ein freundschaftliches Miteinander von Wirtschaft und Umwelt, von Mensch und Natur. Als Teil der Ökologiebewegung ist uns „sanfter Tourismus" ein Anliegen. Mittlerweile sind wir nicht nur in Österreich und Deutschland vertreten, sondern in 20 Ländern auf der ganzen Welt.

In diesem Jahr feiern wir das 100-jährige Jubiläum der Stuttgarter Naturfreunde. Ein guter Grund, beim interkulturellen Kochbuch mitzumachen!

# Germknödel – Hefeklöße

## ZUTATEN für 4 Personen

### für den Hefeteig:

- 30 g Germ (Hefe)
- 250 ml lauwarme Milch
- 100 g Zucker
- 500 g Mehl
- 1 Msp. Salz
- 2 Eier
- 50 g geschmolzene Butter

### für die Füllung:

- 150 g Powidl (Pflaumenmus)

### außerdem:

- 50 g Mohn, gemahlen
- 2 EL Puderzucker
- 5 EL Butter

1) Die Hefe zerbröckeln, mit 100 ml lauwarmer Milch 2 EL Zucker und 4 EL Mehl verrühren. Das so entstandene „Dampfl" an einem warmen Ort ca. 20 Minuten gehen lassen.

2) Das restliche Mehl mit dem restlichen Zucker, Salz, der restlichen Milch, den verquirlten Eiern und der geschmolzenen Butter mit dem aufgegangenen „Dampfl" vermischen und kräftig zu einem seidig-glatten Teig verkneten. Kurz ruhen lassen.

3) Aus der Teigmasse eine dicke Rolle formen und in 4 Stücke teilen. Jedes Teigstück mit Powidl füllen, zu einem Knödel rollen und mit der Naht nach unten auf ein bemehltes Brett legen. Abgedeckt weitere 20 Minuten gehen lassen.

4) Wasser in einem großen Topf zum Kochen bringen. Die Knödel hineingeben und 5 Minuten im geschlossenen Topf ziehen lassen. Die Knödel im Wasser umdrehen, mehrmals mit einer Nadel einstechen und weitere 5 Minuten im offenen Topf fertig garen. Die Knödel können auch ca. 15 Minuten gedämpft werden: in einem Dampfgarer oder in einem Sieb, das in einen Topf mit kochendem Wasser eingehängt wird.

5) Die Knödel auf vorgewärmten Tellern anrichten, mit gemahlenem, gezuckerten Mohn bestreuen und mit geschmolzener Butter übergießen.

# Erdäpfelgulasch – Kartoffelgulasch

## ZUTATEN für 4 Personen

- 750 g Kartoffeln
- 1/2 l Wasser
- 2 Zwiebel
- 2 EL Öl
- 2 EL Paprikapulver, edelsüß
- 1–2 Peperoni
- 2 Suppenwürfel
- 1 EL Tomatenmark
- 1 TL Majoran
- 1/2 TL Kümmelsamen oder
  1/4 TL gemahlener Kümmel
- 2 Lorbeerblätter
- 1 Kartoffel, gerieben
- etwas griffiges Mehl zum Bestäuben

1) Die Kartoffeln schälen, abspülen, in Stücke schneiden und ins Wasser geben. Die Zwiebeln abziehen und klein würfeln.

2) In einem Topf das Öl erhitzen und die Zwiebeln darin braun rösten. Das Paprikapulver darüberstreuen und kurz mitrösten. Das Wasser mit den Kartoffelstücken hinzufügen, mit einem Kochlöffel den Bodensatz vom Topfboden lösen und mit der Flüssigkeit verrühren.

3) Die Peperoni der Länge nach aufschneiden, die Kerne entfernen, die Schoten kleinschneiden und in den Topf geben.

4) Suppenwürfel, Tomatenmark, Majoran, Kümmel und Lorbeerblätter zufügen und kräftig umrühren.

5) Aufkochen lassen. Dann bei geschlossenem Deckel ca. 20 Minuten leise köcheln lassen.

6) Kurz vor Ende der Kochzeit die Kartoffel ins Gulasch reiben und mit etwas Mehl bestäuben. Dadurch wird der Kartoffelgulaschsaft cremiger.

7) Als traditionelle Hausmannskost wird das Kartoffelgulasch mit Brot serviert.

Um ein scharfes Kartoffelgulasch zu erzielen, einfach ca. 1/3 des edelsüßen Paprikas durch scharfen Paprika ersetzen. Gewürzgurken, Paprikaschoten und Wurst wie Debreziner sorgen für Abwechslung. Bei Kindern ist Kartoffelgulasch mit Knackern sehr beliebt. Die Wurst wird in dünnen Scheiben oder Würfeln nach der Hälfte der Garzeit zugefügt.

# Reisfleisch ungarische Art

## ZUTATEN für 4 Personen

– 600 g mageres Rindfleisch

– 250 g Zwiebeln

– 50 g durchwachsener Speck

– 2 EL Pflanzenöl

– 1 EL Paprika, edelsüß

– 1/4 l Suppenbrühe

– Salz

– 1 TL Thymian, gerebelt

– 1/4 kg Langkornreis

– 2 grüne Paprika

– 4 reife Tomaten

– Pfeffer, gemahlen

1) Das Fleisch waschen, trocken tupfen und in ca. 2 Zentimeter große Würfel schneiden. Die Zwiebeln schälen und kleinwürfelig schneiden. Speck ebenfalls kleinschneiden. In einem Topf oder einer hohen Pfanne das Öl erhitzen und die Zwiebeln und den Speck darin glasig andünsten, bis die Zwiebeln gelb sind.

2) Nun das Fleisch zufügen und von allen Seiten scharf anbraten. Paprikapulver darüberstreuen und kurz verrühren.

3) Die Suppenbrühe angießen, salzen und den Thymian zufügen. Zugedeckt bei schwacher Hitze ca. 1,5 Stunden leise köcheln lassen, gelegentlich umrühren und eventuell etwas Wasser nachgießen.

4) Reis in reichlich Salzwasser weichkochen und abtropfen lassen. Tomaten blanchieren, schälen und achteln. Die grünen Paprikaschoten waschen, entstielen und entkernen und in Streifen schneiden.

5) Tomaten und Paprika zum Fleisch geben und 5 Minuten weiterköcheln. Den Reis untermischen, alles nochmals erwärmen, mit Salz und Pfeffer abschmecken und einige Minuten zugedeckt ziehen lassen.

6) Mit Weißbrot oder Baguette servieren.

Für mehr Schärfe eine Chilischote oder eine klein gehackte Peperoni mitkochen.

# Topfen-Palatschinken

## ZUTATEN für 4 Personen

- 100 g Mehl
- 1/4 l Milch
- 2 Eier
- 1 Prise Salz
- 40 g Zucker

für die Füllung:

- 50 g Rosinen
- 1 EL Rum (wenn Kinder mitessen, weglassen)
- 30 g weiche Butter
- 80 g Zucker
- abgeriebene Schale von 1/2 Bio-Zitrone
- 2 Eier
- 250 g Topfen (Quark)

für den Guss:

- 1 Ei
- 1/8 l Milch
- 1 EL Zucker
- 1 Päckchen Vanillezucker

außerdem:

- 4 EL Butter
- 2 EL Puderzucker zum Bestreuen

1) Mehl mit 3 EL Milch, den Eiern, Salz und Zucker in einer Schüssel verrühren. So viel Milch dazugießen, dass ein dünnflüssiger Teig entsteht.

2) Eine Pfanne auf dem Herd heiß werden lassen und gleichmäßig mit etwas Butter ausfetten. Etwa 1/8 des Teiges mit einem Schöpflöffel hineingießen und die Pfanne schwenken, sodass der Pfannenboden mit dem Teig dünn bedeckt ist. Die Palatschinke bei schwacher Hitze beidseitig goldgelb backen. Auf diese Weise 8 Palatschinken zubereiten und warmstellen. Falls der Teig zwischendurch eindickt, wieder etwas Milch unterrühren.

3) Rosinen heiß waschen, trocken tupfen und mit Rum beträufeln. Butter mit Zucker und Zitronenschale schaumig rühren. Die Eier trennen und die Eigelbe unter die Buttermasse rühren. Den Topfen und die Rum-Rosinen daruntermischen. Die Eiweiße zu steifem Schnee schlagen und unterheben.

4) Den Backofen auf 200 °C vorheizen. Eine Auflaufform mit Butter ausstreichen. Die Füllung bleistiftdick auf die Palatschinken streichen. Die Palatschinken zusammenrollen und quer halbieren. Die Palatschinkenstücke in die Auflaufform legen.

5) Für den Guss Ei mit Milch, Zucker und Vanillezucker verquirlen und über die Palatschinken gießen. Die Form in den Backofen stellen und in etwa 25 Minuten goldgelb überbacken.

6) Die Topfenpalatschinken dick mit Puderzucker bestreuen und sofort servieren.

# Evangelische Jugend Stuttgart-Wangen

Als Teil der Kirchengemeinde Stuttgart-Wangen bieten wir eine ganze Menge für Kinder: Werkstattkurse, Gottesdienste, Ausflüge, Feste, Märkte, Spendensammlungen, Ferienaktivitäten wie Theaterworkshops oder auch Hausaufgabenhilfen. Jugendliche treffen sich abends bei uns im offenen Foyer, um gemeinsam etwas zu unternehmen.

Ab 15 Jahren kann man sich bei uns zum Jugendgruppenleiter ausbilden lassen und Verantwortung übernehmen. Im neu renovierten Gemeindehaus stehen den Gruppen schöne Räumlichkeiten zur Verfügung.

Vor ein paar Jahren verbrachten die Kinder eine tolle Woche als Freizeitindianer in Erlach. Meisterkoch Günter verwöhnte alle Teilnehmer mit aufregenden indianischen Gerichten, die sehr lecker waren und deswegen perfekt in das interkulturelle Kochbuch passen.

Die ausgewählten Rezepte sind ganz einfach nachzukochen: *Pinienkernsuppe*, *Wildkräutersalat*, *gebratene Wildpilze* und *Paprika mit Hackfleischfüllung nach indianischer Art*. Maistortillas und Bohnengerichte sind zwar auch indianischen Ursprungs, aber aufwändiger in der Zubereitung.

Einkaufen und
kochen,
was gerade in Feld,
Wald und Wiese
wächst – so wie echte
Indianer
es tun!

# Pinienkernsuppe

## ZUTATEN für 4 Personen

- 3 Frühlingszwiebeln
- 300 g Pinienkerne
- 0,5 l Milch
- 500 ml Hühnerbrühe
- 3 zerstoßene Korianderkerne
- 1 TL fein gewiegte Minze
- Salz, Pfeffer
- 50g Pinienkerne (geröstet) zur Dekoration

1) Die Frühlingszwiebeln putzen und in Ringe schneiden. Das Grün beiseitelegen.

2) Alle übrigen Zutaten in einem Topf zum Kochen bringen. Bei geringer Temperatur 25 Minuten köcheln lassen. Mit einem Pürierstab zu einer sämigen Suppe verarbeiten. Nochmals sanft erhitzen und mit dem Grün der Frühlingszwiebeln und ein paar gerösteten Pinienkernen garniert servieren.

# Wildkräutersalat

## ZUTATEN für 4 Personen

– 150 g Brunnenkresse

– 150 g junger Spinat

– 150 g Rucola

– wenn möglich 100 g zarte Kapuziner-
  kresseblätter und –blüten

– 1 EL Honig

– Apfelessig

– Maiskeimöl

– gehackte Minze

– Salz, Pfeffer

1) Blätter und Blüten abspülen und putzen, vorsichtig trocken tupfen oder in der Salatschleuder trocken schleudern.

2) Für das Dressing Honig, Essig, Öl und Minze verquirlen. Mit Salz und Pfeffer abschmecken.

3) Blüten und Blätter auf Tellern anrichten und mit Dressing beträufeln.

# Gebratene Pilze mit Huhn

## ZUTATEN für 4 Personen

- 600 g Pilze, am besten Waldpilze wie
  Steinpilze, Pfifferlinge oder Morcheln
- 600 g Huhn (Brust oder Keule)
- 4 Scheiben geräucherter Speck
- 4 Frühlingszwiebeln in Scheiben
- Salz, Pfeffer, Öl

1) Pilze säubern und in Scheiben schneiden. Das Hühnchen oder die Geflügelteile abspülen, trocken tupfen und in mundgerechte Stücke teilen.

2) Den Speck in Streifen schneiden und in einer Pfanne auslassen, aus der Pfanne nehmen und beiseitestellen.

3) Zum ausgelassenen Fett aus dem Speck noch etwas Öl beifügen, darin das Geflügel scharf anbraten und aus der Pfanne nehmen.

4) Bei Bedarf etwas Öl nachgießen und die Pilze und Frühlingszwiebeln bei hoher Temperatur anbraten.

5) Das Huhn und und den Speck wieder zugeben und zusammen mit den Pilzen und den Zwiebeln garen.

6) Mit Salz und Pfeffer behutsam würzen, um den Pilzgeschmack nicht zu überdecken und sofort servieren.

# Paprika mit Hackfleischfüllung nach Art der Great Plains

## ZUTATEN für 4 Personen

- 1 Zwiebel, fein gehackt
- 450 g Rinderhackfleisch
- Salz, Pfeffer
- 2 verquirlte Eier
- etwas Senf
- 150 g gekochter Wildreis
- 4 Paprika
- Öl
- 500 g gehäutete und gehackte Tomaten
- 1 TL getrockneter, zerriebener Salbei

1) Zwiebel und Hackfleisch in einer Pfanne scharf anbraten, mit Salz und Pfeffer würzen. Vom Herd nehmen.

2) Die Eier mit Senf verquirlen und mit dem Reis, dem angebratenen Hackfleisch und den Zwiebeln vermischen.

3) Die Paprika abspülen, einen Deckel oben ab- schneiden und das Innere vorsichtig entfernen. Die Hackfleischmischung in die Paprikaschoten einfüllen.

4) In einer Auflaufform die Tomaten verteilen, salzen und pfeffern. Die Paprika daraufsetzen und im vor- geheizten Backofen bei 160 °C ca. 45 bis 60 Minuten garen.

# Bosnische Jugendgruppe „Mladi Biseri"

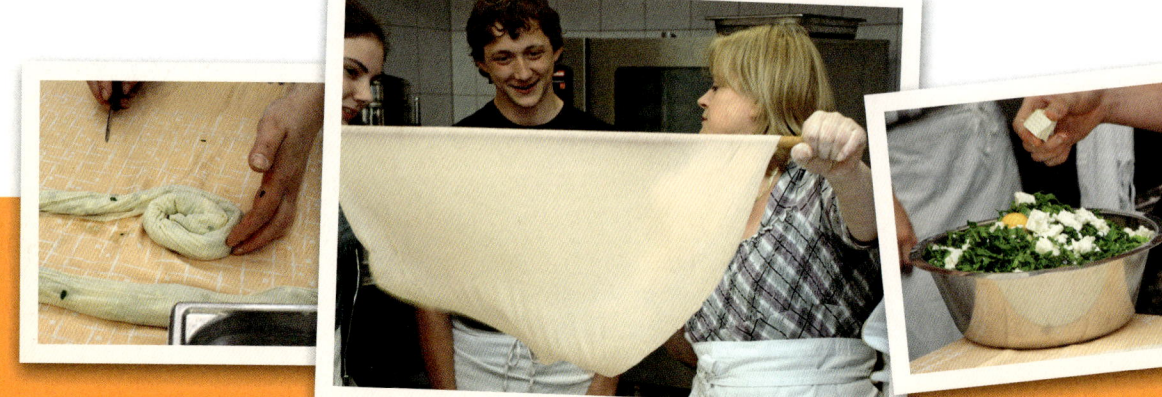

„Mladi Biseri", das bedeutet „junge Perlen". Als bosnischstämmige Jugendgruppe leben wir gerne in Deutschland. Dennoch sind uns Traditionen und Kultur unserer Heimat wichtig, wir wollen sie bewahren und weitergeben. Die von uns ausgesuchten Rezepte sind Gerichte, die alltäglich in Bosnien zubereitet werden.

Als Erstes haben wir *Tarhana* ausgewählt. *Tarhana* ist eine vergorene und getrocknete Mischung aus Mehl, Joghurt und Gemüse.

Dann folgt die *Pita*, ein sehr traditionelles bosnisches Gericht. Sie wird sehr abwechslungsreich zubereitet, man kann sie beispielsweise mit Fleisch, Kartoffeln, Käse, Spinat oder Kürbis füllen. Als Beilage gibt es *bosnischen Joghurtsalat*, der sehr erfrischend ist.

Als Nachtisch bieten wir *Hurmasice*, eine Art Krapfen, die in Bosnien sehr beliebt sind. Sie sind mit wenigen Zutaten leicht herzustellen. Traditionell backen wir sie zum bosnischen Zuckerfest.

# Bosnische Tarhana-Suppe

## ZUTATEN für 4 Personen

- ca. 300 g Hackfleisch
- 1 EL Öl
- 2 l Wasser
- Salz
- 300 g grobe Tarhana
- 50 g Butter
- Paprikapulver

1) Hackfleisch mit Öl in einem Topf anbraten, das Wasser hinzugeben, etwas salzen und zum Kochen bringen. Die Tarhana unter Rühren hinzufügen und ca. 10 bis 15 Minuten köcheln lassen.

2) In einer Pfanne bei mittlerer Hitze die Butter schmelzen, zwei Teelöffel Paprikapulver hinzugeben und kurz anbraten. Dabei darauf achten, dass das Paprikapulver nicht anbrennt.

3) Die Butter-Paprika-Mischung in den Topf mit der Tarhana-Suppe geben und noch einmal aufkochen lassen.

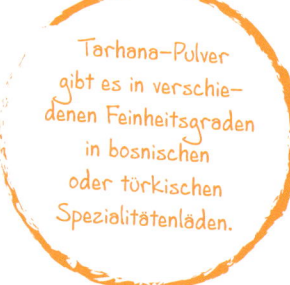

Tarhana-Pulver gibt es in verschiedenen Feinheitsgraden in bosnischen oder türkischen Spezialitätenläden.

# Pita mit Spinatfüllung

Zur Pita passt Joghurtsalat sehr gut.

## ZUTATEN für 4 Personen

für den Teig:
- 500 g Mehl
- 1 TL Salz
- ca. 200 ml Wasser

für die Füllung:
- 500 g Spinat
- 200 g Käse (Feta oder körnigen Frischkäse)
- 2 Eier
- ca. 1 TL Salz
- nach Wunsch 1–2 EL Crème fraîche
  (Schmand, saure Sahne)

außerdem:
- 50 g Butter oder Öl zum Beträufeln
- 50 g Butter
- 100 ml Milch

1) Aus Mehl, Salz und Wasser einen festen, elastischen Teig herstellen und gut durchkneten. Gegebenenfalls nicht das gesamte Wasser verwenden. 2 bis 3 Kugeln daraus formen und auf einer bemehlten Unterlage ca. 30 Minuten ruhen lassen.

2) Für die Füllung den Spinat putzen, gründlich waschen und zerkleinern. Die restlichen Zutaten hinzufügen und gut vermischen.

3) Die einzelnen Teigbällchen nacheinander sehr dünn ausrollen und ein großes Backblech mit dem Teig auslegen. Darauf etwas Füllung geben, verteilen und die nächste Teigplatte auflegen. So verfahren, bis Füllung und Teigplatten aufgebraucht sind. Vor dem Backen den Teig ein wenig mit Öl oder zerlassener Butter beträufeln.

4) Im vorgeheizten Backofen bei 220 °C ca. 30 bis 40 Minuten backen. 50 g Butter in einer Pfanne zerlassen, leicht bräunen und etwa 100 ml Milch hinzugeben.

5) Die Pita nach dem Backen mit der Butter-Milch-Mischung übergießen. Anschließend nochmals kurz in den Backofen schieben.

# Bosnischer Joghurtsalat

## ZUTATEN für 4 Personen

- 1 Salatgurke
- 2 Frühlingszwiebeln
- 500 ml Naturjoghurt
- Essig, Öl
- Salz, Pfeffer

1) Die Gurke abspülen, die Frühlingszwiebeln putzen und abspülen. Gurke und Frühlingszwiebeln in sehr feine Würfelchen schneiden und mit dem Naturjoghurt verrühren.

2) Mit Essig und Öl anmachen und mit Salz und Pfeffer abschmecken.

# Hurmasice – Mürbeteigkekse in Sirup

## ZUTATEN für ca. 20 Stück

- 250 g zimmerwarme Butter
- 1 Ei
- 1 Päckchen Backpulver
- 400 g Mehl
- Saft von 1/2 Zitrone

für den Sirup:

- 1 l Wasser
- 1 kg Zucker

Vorsicht, supersüß!

1) Die weiche Butter mit einem elektrischen Mixer cremig aufschlagen. Das Ei hinzufügen.

2) In einer anderen kleinen Schüssel das Backpulver mit Zitronensaft verrühren, sodass sich das Backpulver auflöst. Den Saft zu der Butter-Ei-Mischung geben und das Mehl zufügen. Die Masse so lange kneten, bis sie sich vom Rand der Schüssel löst.

3) Aus dem Teig kleine fingerlange und zwei Finger breite Ovale formen und auf ein eingefettetes Backblech legen.

4) Im vorgeheizten Backofen bei ca. 180 °C ca. 30 bis 40 Minuten backen.

5) Für den Sirup das Wasser und den Zucker in einem Topf zum Kochen bringen und ca. 5 bis 10 Minuten kochen lassen.

6) Die gebackenen Hurmasice mit dem Sirup übergießen und auskühlen lassen.

# CPA – Christliche Pfadfinderinnen und Pfadfinder der Adventjugend Stuttgart

Christliche Pfadfinder freuen sich über das Leben und die Welt. Gott hat uns beides geschenkt. Er gibt unserem Leben Sinn. Darum reden wir über Jesus Christus. Wir lesen in der Bibel und wollen danach handeln.

Pfadfinder lieben die Natur. Deswegen sind wir auch oft draußen: bei Zeltlagern, Umweltaktionen, Lagerfeuern, Geländespielen. Wir wollen lernen, mit der Natur zu leben und sie zu schützen.

Adventjugend will helfen, Orientierung zu finden, zu wissen, wo es langgeht, Brücken zu bauen. Konkret heißt das: miteinander reden, sich kennen lernen, Freundschaft schließen. Wir helfen Menschen in Not. Wir wollen gesund leben und lehnen Alkohol und Drogen jeder Art ab.

In der Natur gibt es für uns kaum Möglichkeiten, aufwändig zu kochen. Aber schmecken soll es natürlich trotzdem. Daher sind unsere Rezepte einfach und für jeden nachzumachen.

Bei der Zubereitung dreht sich alles „rund um die Kartoffel", denn Kartoffeln sind nicht nur ein gesundes und leckeres Grundnahrungsmittel, sondern auch sehr vielseitig. Als Nachtisch haben wir *Schoko-Bananen* ausgesucht.

# Kartoffelsalat

## ZUTATEN für 4 Personen

- 1 kg festkochende Kartoffeln
- 3 mittelgroße Essiggurken oder 1/2 grüne Gurke
- 3–4 EL Öl
- 2–3 EL Essig
- 1 TL Senf
- 1/8–1/4 l Brühe
- Salz, Pfeffer

Als Beilage zu anderen Gerichten oder Salaten, zu Maultaschen oder Saitenwürstchen servieren.

1) Die Kartoffeln waschen, mit Schale in kochendes Wasser geben und weichkochen. Noch warm schälen und in Scheiben schneiden.

2) Die Gurken abspülen, würfeln und mit den Kartoffeln vermischen.

3) Öl und Essig mit Senf und etwas Brühe gut verrühren, mit Salz und Pfeffer abschmecken und die Salatsauce mit den Kartoffeln vermischen. Nach und nach die restliche Brühe zum Salat geben. Dabei darauf achten, dass der Salat nicht matschig wird. Gut durchziehen lassen und nochmals abschmecken. Mit einem zur Blüte aufgeschnittenen Radieschen garnieren.

# SteWa-Kartoffeln

## ZUTATEN für 4 Personen

- 1 kg Kartoffeln
- 200 g Sahne-Schmelzkäse
- 3–4 Zwiebeln
- 1 EL Öl
- 1 Gemüsebrühwürfel

Als Beilage: Grüner Salat oder Gemüse.

1) Die Kartoffeln waschen, schälen und würfeln und in Wasser kochen, bis sie fast gar sind.
Tipp: Kartoffeln nach dem Schälen in kaltes Wasser legen, damit die rohen Kartoffeln nicht braun werden.

2) Den Käse in Würfel schneiden. Die Zwiebeln abziehen, klein würfeln und in etwas Öl glasig andünsten.

3) Ein Drittel der Zwiebeln aus der Pfanne nehmen und beiseitestellen. Die restlichen Zwiebeln in der Pfanne mit 4 EL Wasser und dem Brühwürfel vermischen.

4) Die Kartoffeln abgießen, noch heiß mit dem Käse und den gewürzten Zwiebeln vermischen. Sobald der Käse schmilzt, alles auf eine Platte geben und die restlichen Zwiebeln darübergeben.

Die CPA-Pfadfinder in Baden-Württemberg treffen sich jedes Jahr zu einem Großlager. Die Gruppen kommen dabei „sternförmig" aus allen Richtungen. Regelmäßig wird dieses Gericht von vielen Gruppen während der Wanderung gekocht, daher „Stern-Wanderungs-Kartoffeln".

# Wilde Kartoffeln

## ZUTATEN für 4 Personen

- 800–1000 g Kartoffeln
- Butterschmalz oder Fett
- 2 TL Salz
- 2 TL Paprikapulver
- Ketchup, Mayonnaise

1) Die Kartoffeln sauber abschrubben und gründlich abspülen, achteln und beiseitestellen.

2) In einer Pfanne reichlich Butterschmalz oder Fett erhitzen und die Kartoffeln darin schwimmend ausbacken, eventuell wenden.

3) Salz und Paprikapulver miteinander vermischen und die fertigen Kartoffeln damit würzen.

Da wir dieses Gericht in Zeltlagern kochen, verwenden wir immer eine große Pfanne. Zu Hause lässt sich das Gericht auch in der Fritteuse zubereiten.

# Schoko-Banane

Wird am Lagerfeuer zubereitet!

## ZUTATEN für 4 Personen

– 4 Bananen
– 100 g Schokolade
– Alufolie

1) Die Bananenschalen an der inneren Krümmung der Länge nach einschneiden. Die Schokolade in Stücke brechen. In den entstandenen Schlitz jeweils 25 g Schokolade geben. Die Bananen mit der Schale in Alufolie einwickeln und in die Glut legen.

2) Nach ca. 3 bis 5 Minuten ist die Schokolade geschmolzen. Die Päckchen aus der Glut nehmen und noch heiß auslöffeln.

# Skateboardmuseum Stuttgart

Es gibt viele Richtungen und Einflüsse in der Skateboardkultur, die in Kalifornien ihren Ursprung hat: Punk, Rock'n Roll, Hip-Hop und Straight Edge sind nur einige davon. Auch ernährungstechnisch ist vom Barbecue-Grillfan bis zum Veganer alles in der Szene vertreten.

Wie die meisten anderen Jugendlichen greifen aber auch Skateboarder gerne mal zu Fastfood. Im Skatepark ist dies leicht verfügbar und günstiger als ein Restaurantbesuch. Die Alternative ist, sich selber etwas mitzubringen. Zum Glück gibt es leckere Snacks, die man schnell und sogar mit Spaß zubereiten kann! Für ganz Eilige: Einfach zwei Scheiben

Toast nehmen, diese ordentlich mit Erdnuss- und Marshmallow-Creme bestreichen und fertig ist der *Fluffer Nutter*. Die etwas edlere Variante ist das *Walnut-Sandwich* mit kalifornischen Walnüssen. Wer eher auf herzhaft steht, rollt Hähnchenfleisch und Salat in eine Weizentortilla und erhält so einen *Caesar's Wrap*.

Wenn man das Rollen ausgiebig geübt hat, kann man sich an einer kalifornischen Variante des japanischen Sushi versuchen, der *California Roll*. Das ist eine von innen nach außen gestülpte Sushi-Rolle, bei der die äußere Schicht aus Reis besteht.

# California-Walnut-Sandwich

## ZUTATEN für 4 Personen

- 100 g Putenbrust
- etwas Öl
- 8 Scheiben American Toast
- 50 g gehackte Walnüsse
- 20 g Butter
- 4 Scheiben Tilsiter
- 2 EL getrocknete gehackte Cranberries
- 2 EL rotes Johannisbeergelee
- Chilipulver

1) Die Putenbrust in dünne Scheiben schneiden und in wenig Öl braten. Vier Toastscheiben sehr dünn mit Butter bestreichen und mit der Butterseite nach unten auf ein Backpapier legen. Die trockene Seite mit je einem Viertel der Putenbrust belegen und mit den gehackten Walnüssen bestreuen. Auf jeden Toast eine Käsescheibe legen.

2) Das Gelee mit dem Chilipulver würzen und mit den gehackten Cranberries mischen. Auf den Käsescheiben verteilen.

3) Die restlichen vier Scheiben ganz wenig buttern und damit die Sandwiches abdecken. (Butterseite nach oben!)

4) Die Sandwiches in einem Kontaktgrill 5 Minuten goldbraun backen. Für die Zubereitung im Backofen diesen auf 180 °C vorheizen und die Sandwiches ca. 5 Minuten backen.

## Die süße Variante: Fluffer Nutter

Zwei Toastscheiben toasten. Eine Toastscheibe mit Erdnussbutter, die andere mit Marshmallow-Creme *(Fluff)* bestreichen, zusammenklappen, fertig.

Marshmallow-Creme ist in den USA äußerst beliebt und wird auch in großen deutschen Supermärkten angeboten.

# Caesar-Chicken-Wraps

## ZUTATEN für 4 Wraps

- 3 EL Olivenöl
- 2 TL Zitronensaft
- 1 TL Pfeffer
- 1 TL Knoblauch, gehackt
- 1/2 TL Oregano
- 1/2 TL Basilikum
- 1/2 TL Rosmarin
- 400 g Hähnchenbrustfilet am Stück
- 1 Kopf Römersalat
- 4 Weizenmehl-Tortillas (Fertigprodukt)
- 1 EL Öl
- Salz, Pfeffer
- 3 Tomaten

### für das Caesar-Dressing:

- 250 g Sour Cream (gibt's in Deutschland kaum zu kaufen, als Ersatz geht Schmand)
- 2 EL Milch
- 3 EL Parmesan, gerieben
- 1/2 TL Oregano
- 1/2 TL Basilikum
- 1/2 TL Rosmarin
- Pfeffer
- Knoblauchpulver

Für Vegetarier auch mit Tofu sehr lecker!

1) Olivenöl, Zitronensaft, Pfeffer, Knoblauch und die Kräuter miteinander vermischen. Das Hähnchenbrust-filet waschen und trocken tupfen und zusammen mit der Marinade in einen Gefrierbeutel geben. Den Beutel gut verschließen und gut schütteln, sodass das Fleisch gut mit der Marinade bedeckt ist. 15 Minuten in den Kühlschrank legen.

2) Für das Dressing in einer Schüssel Sour Cream mit Milch, Parmesan, den Kräutern und etwas Pfeffer und Knoblauchpulver verrühren. Die Tomaten waschen, vier-teln und die Kerne entfernen. Das Fruchtfleisch in kleine Würfel schneiden und mit dem Dressing vermischen.

3) Das Fleisch aus der Marinade nehmen und ca. 15 Minuten grillen. Das Fleisch in Streifen schneiden und warmhalten. Wer keinen Grill hat, kann das Fleisch zuerst in Streifen schneiden und in der Pfanne bei starker Temperatur braten.

4) Den Salat waschen, gut abtropfen lassen und in mundgerechte Stücke zupfen. Die Tortillas in einer trockenen Pfanne kurz anwärmen, mit dem Salat belegen und die Hähnchenbrust-Stücke auf die Tortillas verteilen. Das Caesar-Dressing portionsweise darauf geben, die Tortillas aufrollen und in der Mitte schräg durchschneiden.

# California-Cheesecake

## ZUTATEN für 1 Springform

für den Boden:

– 100 g geschmolzene Butter

– 200 g Butterkekse

– 2 EL Honig

– 1 EL Öl

– 1 Prise Zimt

– 1 Päckchen Vanillezucker

für den Belag:

– 4 Eier

– 200 g Zucker

– 1 Päckchen Vanillezucker

– 500 g Ricotta
  (ersatzweise Doppelrahmfrischkäse)

– 200 g Crème fraîche

– 150 g Magerjoghurt

– 2 EL Zitronensaft

– 1 TL abgeriebene Zitronenschale

Superlecker und leicht zu machen: der kalifornische Käsekuchen mit einer tollen Zitronen-Note!

1) Die Butterkekse in einen Beutel geben, verschließen und mit einem Nudelholz zerbröseln. Die Brösel mit der geschmolzenen Butter, Honig, Öl, Zimt und Vanillezucker gut vermischen und eine ungefettete Springform damit auskleiden, sodass ein Kuchenboden entsteht. Der Ring der Springform kann mit Backpapier ausgelegt werden, damit die Füllung später nicht anklebt.

2) Für den Belag die Eier mit dem Zucker und Vanillezucker schaumig schlagen, sodass sich der Zucker auflöst. Ricotta, Crème fraîche, Joghurt, Zitronensaft und geriebene Zitronenschale einrühren. Die Ricottamasse auf den Bröselboden geben, glattstreichen und im vorgeheizten Backofen bei 150 °C 30 Minuten backen.

3) Den Kuchen erst nach dem Erkalten aufschneiden.

# California Rolls – inside out

## ZUTATEN für 4 Personen (ca. 12 Stück)

- 50 g Krabbenfleischsticks oder Surimi
- 100 g Sesam
- 1/2 Salatgurke, längs halbiert
- 1/2 sehr reife Avocado
- 1 EL Zitronensaft
- 2 Noriblätter
- 1 TL Wasabi (japanischer Meerrettich)

für den Sushi-Reis:

- 6 EL Reisessig
- 1 TL Salz
- 2 EL Zucker
- 100 g Sushi-Reis

außerdem:

- 1 Bambusmatte zum Rollen
- 1 scharfes Messer
- Frischhaltefolie
- Sojasauce
- eingelegter Ingwer

1) Zwei Stunden vor dem Rollen den Reis zubereiten. Dazu den Reisessig mit Salz und Zucker erhitzen, bis sich der Zucker darin aufgelöst hat. Abkühlen lassen. Den Reis gut abspülen, absieben und mit der doppelten Menge Wasser zum Kochen bringen. Die Hitze reduzieren und den Reis quellen lassen, bis er weich ist. Den fertigen Reis ca. 15 Minuten ruhen lassen, danach mit der kalten Essig-Zucker-Mischung in einer Schüssel verrühren.

2) In Zwischenzeit die Krabbenfleisch- oder Surimistäbchen trocken tupfen und längs halbieren. Den Sesam in einer Pfanne ohne Fett goldgelb anrösten und abkühlen lassen. Mit einem Löffel die Kerne der Gurke entfernen und der Länge nach zwei Streifen von einem halben Zentimeter Breite abschneiden. Die reife Avocado schälen, vorsichtig der Länge nach in Streifen schneiden und sofort mit Zitronensaft beträufeln. Den Sesam in einer trockenen Pfanne anrösten und abkühlen lassen.

3) Die Sushi-Matte mit Frischhaltefolie komplett umwickeln. Ein Noriblatt mit der glänzenden Seite nach unten darauflegen und die Hälfte des Reises darauf verteilen. Den Reis leicht andrücken und dann mit dem Noriblatt umdrehen, sodass der Reis auf der Klarsichtfolie liegt. Der Reis und das Noriblatt sollten vorne mit der Matte abschließen.

4) Auf das untere Drittel des Noriblattes dünn Wasabi streichen und darauf je die Hälfte der Surimistäbchen, Gurkenstifte und Avocados verteilen. Nicht zu dick werden lassen, sonst wird das Rollen schwierig. Die Matte mit der Frischhaltefolie Stück für Stück anheben und unter gleichmäßigem Druck vorsichtig aufrollen. Mit den restlichen Zutaten genauso verfahren.

5) Die Rollen in je 6 Stücke schneiden und jedes Stück in Sesam wälzen. Mit Sojasauce und eingelegtem Ingwer servieren.

# Bund der Katholischen Jugend Stuttgart – KJG Stammheim

Die KJG Stammheim ist ein regional engagierter Jugendverband, der zur Katholischen Jungen Gemeinde Deutschland gehört. Wir nehmen an vielen Aktionen teil, zum Beispiel an Zeltlagern, Ski- und Sommerfreizeiten oder Jugendgottesdiensten.

Gerne wirken wir auch beim interkulturellen Kochbuch mit, um Spaß zu haben und neue Leute kennenzulernen. Einige unserer Mitglieder haben ein Jahr in Australien verbracht. So bot es sich an, dieses Kochbuch mit australischen Gerichten zu unterstützen.

Man erwartet nun wahrscheinlich Strauß, Känguru oder Krokodil. Da diese Tiere in Australien aber lediglich für Touristen zubereitet werden, haben wir uns für authentische Rezepte der australischen Küche entschieden.

*Anzac-Biscuits:* Diese werden anlässlich des „Anzac Days" gebacken. („Anzac" ist eine Abkürzung für „Australian and New Zealand Army Corps".) Am „Anzac-Tag" wird mit Militärparaden der verlorenen „Schlacht von Gallipoli" im Ersten Weltkrieg gedacht, es ist eine Art Gedenktag in Australien. Außerdem gibt es einen köstlichen *Blätterteigsnack mit Macadamia-Pesto*, *Reef and Beef* (Steak mit Krabben) und zum Nachtisch *Pavlova*, einen himmlischen Baiserkuchen.

# Macadamia-Pesto in Blätterteig

## ZUTATEN für ca. 16 Blätterteigschnecken

- 2 Knoblauchzehen
- 1 Zwiebel
- 150 g Macadamia-Nüsse
- 150 g Basilikum
- 200 ml mildes Olivenöl
- 50 g Parmesan, gerieben
- Salz, Pfeffer
- 2 Packungen Blätterteig aus dem Kühlregal

1) Den Knoblauch und die Zwiebel abziehen und grob hacken. Nüsse, Knoblauch, Zwiebeln und Basilikum mit dem Pürierstab zerkleinern. Dabei das Olivenöl nach und nach hinzugeben, bis sich alle Zutaten verbunden haben. Den geriebenen Parmesan untermischen und mit Salz und Pfeffer abschmecken.

2) Den Blätterteig ausrollen. Das Pesto gleichmäßig darauf verteilen und den Teig einrollen. Die Rollen in ca. 2 Zentimeter breite Stücke schneiden und die Blätterteigschnecken im vorgeheizten Backofen bei 180 °C ca. 15 Minuten backen, bis diese goldbraun sind.

# Reef and Beef

## ZUTATEN für 4 Personen

- 4 Filetsteaks vom Rind à ca. 200 g
- Steakpfeffer oder schwarzer Pfeffer
  aus der Mühle
- 350 g Kartoffeln
- Salz
- 500 g Buschbohnen
- 2 Zwiebeln
- 2 Knoblauchzehen
- neutrales Öl zum Braten
- 16 TK-Riesengarnelen, aufgetaut
- 1 Bund Schnittlauch

1) Die Steaks von beiden Seiten gut einölen, pfeffern und beiseitelegen. Die Kartoffeln schälen, in kleine Stücke schneiden und in Salzwasser garen. Die Bohnen putzen, waschen und in kochendem Salzwasser gut 4 Minuten blanchieren. Danach zum Abtropfen in ein Sieb geben. Die Zwiebeln und den Knoblauch abziehen und klein würfeln. Das Öl in einem Topf erhitzen und die Hälfte des Knoblauchs mit den Zwiebeln darin anbraten. Die Bohnen dazugeben und auf kleiner Flamme köcheln lassen.

2) Die Garnelen mit dem restlichen Knoblauch bei kleiner Flamme in einer Pfanne kurz anbraten. Garnelen herausnehmen und in der gleichen Pfanne die Steaks von jeder Seite auf höchster Stufe gut 4 Minuten scharf anbraten – kein weiteres Fett in die Pfanne geben. Danach zugedeckt in der Pfanne liegen lassen, diese aber vom Herd nehmen.

3) Die fertigen Kartoffeln abgießen und zum Steak, den Garnelen und den Bohnen servieren. Das Ganze mit Schnittlauchröllchen bestreuen.

# Anzac-Biscuits

## ZUTATEN für ca. 40 Plätzchen

- 200 g kernige Haferflocken
- 150 g Kokosraspeln
- 300 g brauner Zucker
- 240 g Mehl Type 405
- 100 g Honig, naturklar
- 250 g Süßrahmbutter
- 1 TL Natron
- Backpapier

1) Die kernigen Haferflocken zusammen mit den Kokosraspeln, dem Zucker und dem Mehl in eine Schüssel geben und gut durchmischen.

2) Den Honig in einem kleinen Topf anwärmen. Die Butter bei niedriger Temperatur schmelzen und mit dem warmen Honig verrühren. Den Topf beiseitestellen und die Honig-Butter-Mischung abkühlen lassen.

3) Das Natron in 2 EL kochend heißem Wasser auflösen und unter die abgekühlte Butter-Honig-Mischung rühren. Die Haferflockenmischung zur Honigmasse geben und gut vermischen.

4) Den Backofen auf 150 °C vorheizen Ein Backblech mit Backpapier auslegen und mithilfe eines Esslöffels kleinere Teighäufchen in größerem Abstand auf das Blech geben.

5) Die Kekse auf der mittleren Schiene ca. 15 Minuten backen. Sie sind fertig, wenn sie etwas in die Breite verlaufen und goldgelb gebacken sind. Nach der Backzeit können sie im abkühlenden Backofen weiter trocknen. Sie dürfen nur nicht zu braun werden. Wenn sie fest geworden sind, lassen sie sich nach vollständigem Abkühlen gut in Keksdosen aufbewahren.

# Pavlova – Australischer Baiserkuchen

## ZUTATEN für 4 Personen

- 4 Eiweiße
- 280 g Zucker
- 1 Päckchen Vanillezucker
- 1 TL Speisestärke
- etwas Essig
- 300 g frische gemischte Beeren (ersatzweise TK-Früchte)
- 2 Becher süße Sahne

1) Die Eiweiße in einer fettfreien Schüssel mit dem elektrischen Handrührer steif schlagen. Den Zucker und den Vanillezucker langsam einrieseln lassen, sodass fester Eischnee entsteht. Die Speisestärke mit einem Schuss Essig in einer anderen Schüssel verrühren und vorsichtig unter den Eischnee rühren. Die entstandene Baisermasse soll fest sein und glänzen. Den Backofen auf 180 °C vorheizen.

2) Einen Tortenring auf ein leicht gefettetes Backblech stellen, die Baisermasse einfüllen und die Oberfläche glatt streichen. Da die Masse im Ofen noch aufgeht, nicht bis zum Rand füllen. Die Temperatur auf 100 °C zurückschalten und das Backblech sofort in den Ofen schieben. Ca. 60 Minuten backen, es handelt sich eher um einen Trockenvorgang. Danach den Ofen abschalten und die Tür öffnen. Den Baiserkuchen bei offener Backofentür abkühlen lassen. So wird die Pavlova außen knusprig, bleibt aber noch hell. Der innere Kern der Pavlova sollte noch weich sein.

3) Die Beeren waschen und putzen. TK-Produkte auftauen lassen. Zwei Becher Sahne in eine Schüssel geben und aufschlagen. Diese auf der Pavlova verstreichen und das Ganze mit den Beeren garnieren. Anstatt der Beeren können auch beliebige andere Früchte in mundgerechte Stücke zerteilt und verwendet werden.

# Shackspace Stuttgart – der Stuttgarter Hackspace

Eine „Hütte für Hacker" – so könnte man uns auch nennen. Denn „Hacker", das sind wir, und „shack", das ist das englische Wort für „Hütte". Als Treffpunkt für Leute, die mit Computern und Software experimentieren, ist bei uns jeder herzlich eingeladen, der Spaß hat am technischen Basteln und Ausprobieren.

„Hacken" bedeutet, Dinge auseinanderzunehmen, zu verstehen und wieder neu zusammenzusetzen. Sie werden verändert und für eigene Zwecke angepasst.

Eigentlich kann jeder ein Hacker werden, auch beim Kochen, denn ein Rezept ähnelt einem Computerprogramm: Bei beiden geht es um eine Abfolge von Dingen, die erledigt werden müssen, um zu einem bestimmten Ziel zu kommen.

Wenn im Shackspace gekocht wird, geht das natürlich nicht ohne die lebensnotwendigen Zutaten eines jeden Hackers: Club-Mate-Eistee und Schokoriegel. Logisch, dass wir beide in unsere Rezepte eingebaut, sprich „gehackt", haben!

Club-Mate-Eistee ist das koffeinhaltige Basisgetränk, ohne das im Shackspace gar nichts geht. Schokoriegel liefern den nötigen Zucker für eine lange Bastelnacht.

# Tempura–Gemüse

## ZUTATEN für 4 Personen

- 200 g Mehl
- 75 g Maisstärke (Speisestärke)
- 1 Tütchen Backpulver
- Salz
- 1 Prise Zucker
- 500 ml Wasser
- 1 kg beliebiges Gemüse mit kurzer Garzeit, zum Beispiel Champignons, Zucchini, Auberginen, Paprika sowie blanchiertes Gemüse aller Art, zum Beispiel Karotten
- 500 ml Öl zum Frittieren

1) Für den Teig Mehl, Stärke, Backpulver, Salz, Zucker und Wasser zu einem dünnflüssigen Teig vermischen.

2) Das Gemüse waschen, gegebenenfalls schälen und in mundgerechte Stücke schneiden. Gemüse mit längerer Garzeit vorher blanchieren.

3) Das Öl in einen hohen Topf einfüllen und auf zwei Drittel der Heizleistung drehen. Die Gemüsestücke erst einzeln in den Teig eintauchen, dann in das heiße Öl geben und ausbacken.

# LD50-Pfannkuchen pikant

## ZUTATEN für 4 Personen

- 500 g Mehl
- etwas Salz, Pfeffer
- 1 l Club-Mate-Eistee
  (Bezugsquellen gibt's im Internet!)
- Öl oder Butter zum Ausbacken

1) Für den Teig Mehl, Salz und Pfeffer in einer Schüssel vermischen. Den Club-Mate-Eistee hinzugeben und glatt rühren. Sobald der Teig sämig ist, eine Pfanne mit etwas Öl benetzen und vorheizen. Jeweils eine Kelle Teig ausbacken.

2) Mit der Shackspace-Barbecue-Sauce servieren.

Club-Mate-Eistee ist koffeinhaltig! Das Gericht ist für Kinder daher nicht geeignet.

### Variante:
### Süße LD50-Pfannkuchen

Dafür zum Teig anstelle von Salz und Pfeffer 50 g Zucker geben und mit reichlich Obst (z.B. Kiwis, Bananen) belegen oder mit Nutella bestreichen.

# Shackspace-Barbecue-Sauce

## ZUTATEN für 4 Personen

- 60 g Chilischoten, scharf
- 1 Knolle Knoblauch
- 50 ml Olivenöl
- 400 g Tomatenmark
- 250 ml Rotwein

1) Die Chilischoten in feine Ringe schneiden. Die Knoblauchknolle in Zehen zerteilen, diese abziehen und durch die Knoblauchpresse drücken. Die Chiliringe im Öl etwa 5 Minuten erhitzen (nicht braten). Den gepressten Knoblauch zufügen und alles kurz anschwitzen.

2) Das Tomatenmark dazugeben und unter Rühren erhitzen.

3) Den Wein angießen und kurz aufkochen lassen.

> Der Rotwein kann durch Brühe ersetzt werden, wenn Kinder mitessen.

# Dampfnudeln vom Mars

## ZUTATEN für 4 Personen

- 1 Würfel Hefe
- 550 ml Milch
- 200 g Butter
- 250 g Zucker
- 1 kg Weizenmehl Typ 405
- 2–3 Schokoriegel

1) Für den Teig den Hefewürfel zerkleinern und mit 50 ml Milch verrühren. Den übrigen halben Liter Milch in einen Topf gießen, 150 g Butter und den Zucker zufügen und alles bis zum Schmelzen der Butter etwa handwarm erwärmen (nicht wärmer, damit die Hefekulturen überleben). Den Topf vom Herd nehmen.

2) Das Mehl in eine große Schüssel geben, die Milchmischung zufügen und grob vermengen. Die aufgelöste Hefe hinzugeben. Das Ganze so lange rühren und kneten, bis ein glatter, fester Teig entsteht. Den Teig eine Stunde ruhen lassen.

3) Nach dem Ruhen den Teig nochmals durchkneten. Faustgroße Klöße formen. Schokoriegel dritteln und jeweils ein Schokoriegelstück in jeden Kloß kneten.

4) Einen breiten Topf ein bis zwei Finger breit mit Wasser befüllen und darin 50 g Butter schmelzen. Sobald das Wasser anfängt zu kochen, die Teigklöße in den Topf geben. Den Topf mit einem Deckel verschließen und unbedingt geschlossen halten. Wird der Deckel abgenommen, bevor die Dampfnudeln aufgegangen sind, fallen sie zusammen. Warten bis das Fett hörbar anfängt, zu brutzeln. Dann ist das Wasser verdampft, es befindet sich nur noch Butter im Topf und die Dampfnudeln werden leicht angebraten. Nach weiteren 15 Sekunden den Topf öffnen und die Nudeln aus dem Topf nehmen.

# Alevitische Jugend Stuttgart

Wir Aleviten sind eine humanistisch ausgerichtete Konfession innerhalb des Islam und leben Werte wie Toleranz, Weltoffenheit, Bescheidenheit, Naturverbundenheit und Nächstenliebe. Die meisten Aleviten leben in der Türkei, überwiegend im anatolischen Teil. Religiöse Regeln und Bräuche des (orthodoxen) Islam gelten für Aleviten nicht. Sie haben eigene Gebetsformen wie die Gemeindezusammenkünfte, „Cem" genannt, oder den „Semah", einen rituellen Kreistanz, der den Kosmos und die Planetenbewegungen darstellt.

Neben religiösen Veranstaltungen organisiert die Alevitische Jugend Bildungsangebote: Es gibt Tanz- und Musikevents, und nicht zuletzt laden wir zu gemeinsamen Abenden ein. Einmal im Jahr geht es gemeinsam auf Bildungsreise zu Aleviten in ganz Europa.

Für das Kochbuch haben wir eine Mischung aus traditionellen anatolischen Gerichten und klassischen türkischen Rezepten zusammengestellt:
– *Aşure*, eine Suppe, die man nach der alevitischen Fastenzeit von 12 Tagen gemeinsam isst,
– *Gül Tatlısı*, ein Gebäck, das wie eine Rose gefaltet wird,
– *Poğaça*, ein gefülltes Gebäck aus Kartoffelpüree,
– *Kuru biber dolması*, gefüllte Paprika.

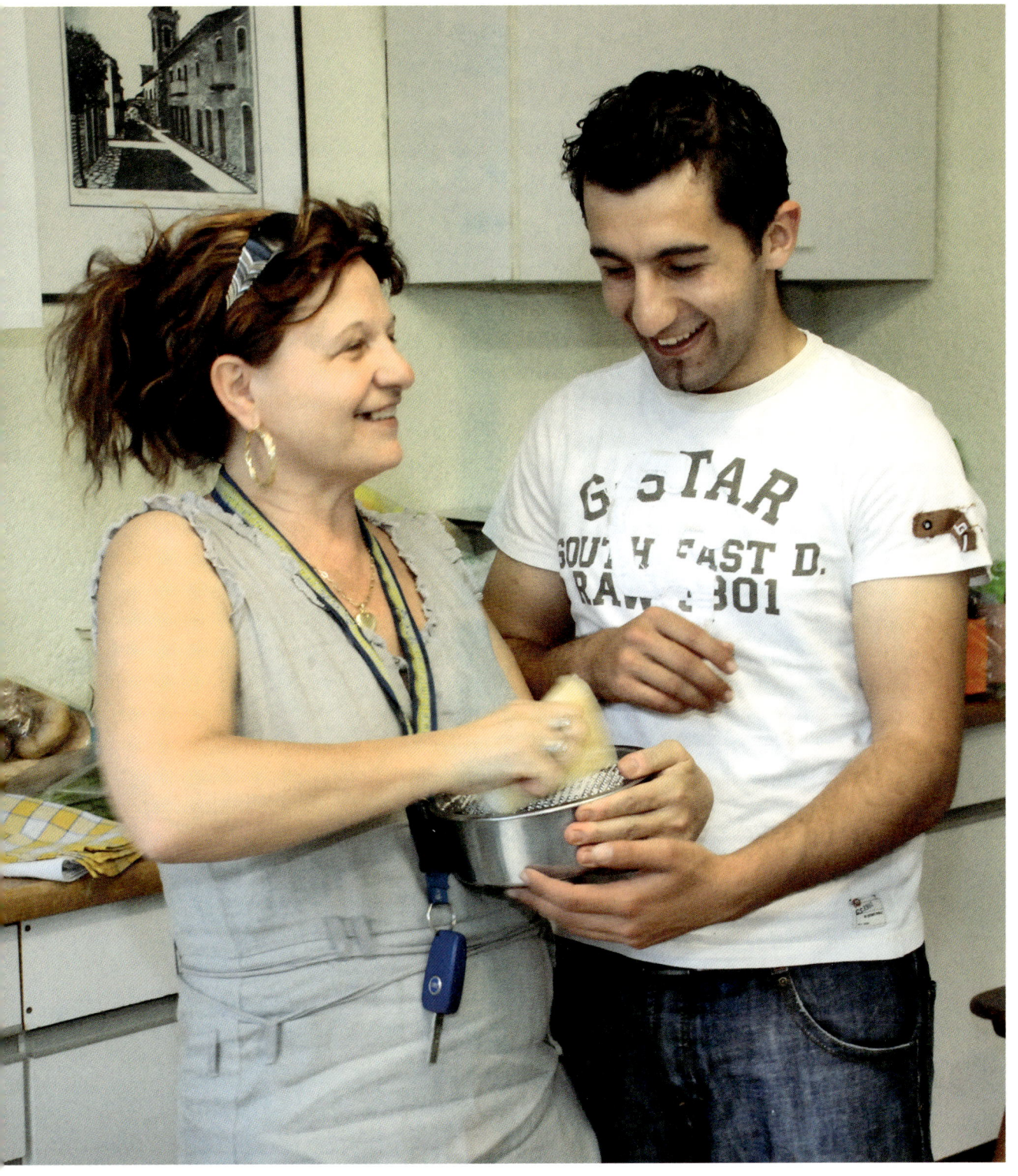

# Aşure – Süße Suppe

## ZUTATEN für 12 Personen

– 100 g Weizen

– 100 g Kichererbsen

– 100 g weiße Bohnen

– 200 g Zucker

– 1 EL Rosinen

– 5–6 getrocknete Aprikosen

– 100 g Mandeln

– 100 g Haselnüsse

– 100 g grob gehackte Walnüsse

– 3 getrocknete Feigen

zur Dekoration:

– Zimt

– bei Bedarf Granatapfelkerne

1) Weizen, Kichererbsen, Bohnen und Rosinen waschen und in getrennten Schälchen in Wasser über Nacht einweichen und quellen lassen.

2) Am nächsten Tag den Weizen abspülen und in einem Kochtopf mit Wasser aufkochen. Den sich bildenden Schaum mit einer Schaumkelle abschöpfen, den Topf zudecken und ca. 30 Minuten weiterkochen.

3) Die Bohnen und Kichererbsen ebenfalls abspülen und in getrennten Töpfen ebenfalls jeweils 30 Minuten kochen. Beides zum Weizen dazugeben und langsam unter Rühren weiterkochen, bis die Zutaten anfangen, weich zu werden. Den Zucker dazugeben und weiterkochen lassen, bis der Zucker sich aufgelöst hat.

4) Die Aprikosen fein hacken und zusammen mit den Rosinen zur Suppe dazugeben. Weitere 15 Minuten kochen lassen. Den Topf vom Herd nehmen und die Mandeln, Haselnüsse und Walnüsse hinzufügen. Die getrockneten Feigen zerkleinern und zur Suppe geben.

5) Die Suppe auf Teller verteilen und mit Zimt und Granatapfelkernen dekoriert servieren.

# Gül Tatlısı – Türkisches Rosengebäck

## ZUTATEN für 6 Personen

- 1 türkisches Teeglas Öl
- 2 EL türkischer Vollfettjoghurt (10 %)
- 100 g Weichweizengrieß
- 1 Ei
- 100 g Butter
- 1 Ei
- 1 Päckchen Backpulver
- 100 g gemahlene Walnüsse

für den Zuckersirup:

- 3 türkische Teegläser Zucker
- 3 türkische Teegläser Wasser
- Saft einer halben Zitrone

Ein türkisches Teeglas ist eine beliebte Maßeinheit in türkischen Rezepten und fasst ca. 100 Milliliter.

1) Die Zutaten für den Teig miteinander verrühren und daraus einen festen Teig kneten. Falls der Teig zu weich werden sollte, Mehl einkneten.

2) Während der Teig etwas ruht, den Zuckersirup herstellen. Dazu den Zucker im Wasser auflösen und zusammen mit dem Zitronensaft aufkochen. Immer wieder umrühren, bis sich der Zucker ganz aufgelöst hat.

3) Mit einem Nudelholz den Teig etwa 3 Millimeter dick ausrollen und mit einem türkischen Teeglas Kreise ausstechen. Für je zwei Rosen vier ausgestochene Kreise etwa ein Drittel überlappend in eine Reihe legen. Diese Viererreihe mit einem scharfen Messer der Länge nach mittig durchschneiden, sodass zweimal vier überlappende Halbkreise entstehen. Jede dieser beiden Hälften aufrollen und mit der Schnittseite nach unten wie eine Rose auf ein gefettetes tiefes Backblech oder in eine Auflaufform setzen.

4) Die entstandenen „Rosen" im vorgeheizten Backofen bei 150 °C backen, bis sie eine goldbraune Farbe haben.

5) Nach dem Backen den Sirup über das heiße Gebäck gießen. Wenn der Teig durch den Sirup wieder etwas weicher geworden ist, können die Rosen verzehrt werden.

Es ist empfehlenswert, diese Süßspeise einen Tag vorher zuzubereiten, weil der Sirup dann mehr Zeit hat, durchzuziehen.

# Kuru biber dolması
# – Getrocknete Paprika mit Füllung

## ZUTATEN für 6 Personen

– 18 getrocknete kleine Paprikaschoten

– 5 Zwiebeln

– 300 g Rundkornreis (Tosya oder Arborio)

– 5 Knoblauchzehen

– 600 ml Wasser

– 2 TL Tomatenmark

– Saft einer Zitrone

– 1 TL Paprika, rosenscharf

– 1 TL Salz

– Pfeffer, Oregano, Kreuzkümmel

außerdem:

– Zitronenscheiben zum Dekorieren

1) Die getrockneten Paprikaschoten ca. 15 Minuten in kaltem Wasser einweichen. In der Zwischenzeit die Zwiebeln schälen, fein hacken und in etwas Olivenöl scharf anbraten. Den gewaschenen Reis dazugeben und weiterbraten, bis beides glasig wird. Den Knoblauch abziehen und fein hacken, zu den Zwiebeln geben, kurz anbraten und mit dem Wasser auffüllen. Einmal aufkochen lassen, die Hitze reduzieren und den Reis quellen lassen. Tomatenmark, Zitronensaft und die restlichen Gewürzen zufügen.

2) Die Reismischung in die Paprikaschoten füllen, die Schoten in einem flachen Topf anordnen. Ca. 1 Glas Wasser mit etwas Salz dazugeben und so lange kochen, bis das Wasser im Topf verdunstet ist.

Falls die Schoten länger brauchen, ggf. etwas Wasser nachgießen, bis alles gar ist.

3) Jeweils 3 Paprikaschoten noch warm auf Tellern anrichten und mit Zitronenscheiben dekorieren.

Bei diesem Gericht werden ausschließlich getrocknete Paprika verwendet, durch das Trocknen erhalten sie eine besondere Konsistenz.

# Patates Püre Poğaça – Pikante Käsekrapfen

## ZUTATEN für 6 Personen

- 1 kg Mehl
- 1 l lauwarme Milch
- 1 EL Zucker
- 1 TL Salz
- 300 g fertiges Kartoffelpüree
- 2 Würfel Hefe
- 100 ml Rapsöl (Wer mag, nimmt Olivenöl, welches jedoch einen Eigengeschmack hat)
- 2 Eigelb
- 150 g geriebener Kaşar–Käse (ersatzweise Emmentaler)

für die Füllung:

- 1/2 Bund glatte Petersilie
- 400 g Schafskäse
- evtl. Pul Biber (zerstoßener Paprika)

1) Mehl mit Milch, Zucker, Salz, Kartoffelpüree und der zerbröckelten Hefe vermischen und zu einem Teig kneten. Den Teig an einem warmen Ort 30 Minuten gehen lassen.

2) Das Rapsöl zufügen und weiterkneten, bis ein geschmeidiger Teig entsteht. (In der türkischen Küche heißt diese Konsistenz „weich wie ein Ohrläppchen".) Den Teig etwa eine Stunde an einem warmen Ort gehen lassen.

3) In der Zwischenzeit für die Füllung die Petersilie abspülen, trocken schütteln und klein schneiden. Den Schafskäse zerbröckeln und mit der Petersilie vermischen. Nach Geschmack etwas Pul Biber zufügen.

4) Den Teig nach der Gehzeit zu Kugeln von ca. 5 Zentimetern Durchmesser formen, in die Mitte etwas von der Füllung drücken und die Kugeln wieder durch Zusammendrücken verschließen. Die Kugeln flachdrücken und auf einem mit Backpapier ausgelegten Backblech mit der Öffnung nach unten anordnen. Ca. 10 Minuten ruhen lassen, damit der Teig noch etwas aufgeht.

5) Das Eigelb verquirlen, mit einem Pinsel die Poğaça mit dem Eigelb bestreichen und jeweils mit etwas Käse bestreuen. Im vorgeheizten Ofen bei 150 °C ca. 30 Minuten backen, bis die Poğaça eine goldgelbe Farbe haben und der Käse geschmolzen ist.

# ARCES – Verein für Freizeitgestaltung, Europa-Kulturen und Sport

Die italienische Küche wartet auch jenseits von Pizza und Spaghetti mit Speisen auf, die einfach zuzubereiten sind und lecker schmecken – ideal für jeden Tag. Die Rezepte wurden ausgewählt, weil sie die große Bandbreite der italienischen Esskultur von Nord bis Süd widerspiegeln:

*Involtini di Mortadella* – Region Emilia Romagna
*Polpette Cacio e Uova* – Region Abruzzen
*Pizza Margherita* – Neapel
*Penne con Zucchini* – Region Apulien

Bei uns stehen aber nicht nur Kochen und Essen auf dem Programm, sondern auch sportliche und kulturelle Aktivitäten. Wir nehmen an Boccia-Meisterschaften teil, spielen Fußball, Boule und Cricket und bieten Gymnastikkurse an.

Für Kulturinteressierte gibt es Theatergruppen, Filme, Folkloreabende, Bilderausstellungen und Dichterlesungen. Wir initiieren einen Jugendaustausch zwischen Italien und Deutschland und stärken die Integration der hier lebenden zweiten und dritten Generation.

Kulinarische Streifzüge unternehmen wir in italienischen Kochkursen und an schwäbischen Kochabenden.

Stuttgarter Hofbräu | BOCCIODROMO ARCES e.V.

11/1

Kulinarische Streifzüge durch Italien!

# Involtini di Mortadella – Gefüllte Mortadella-Rouladen

## ZUTATEN für 4 Personen

- 3 EL Parmesan oder anderen Hartkäse nach Geschmack
- 500 ml Tomatenpüree
- 3 EL Ricotta
- 1 Ei
- Semmelbrösel
- 8 Scheiben Mortadella, nicht zu dünn geschnitten
- 2 EL Olivenöl

1) Den Käse reiben. Tomatenpüree, Ricotta, Ei und den geriebenen Parmesan in einer Schüssel verrühren. Falls die Füllung zu weich wird, etwas Semmelbrösel hinzufügen, sodass die Füllung eine feste, cremige Konsistenz hat.

2) Die Füllung auf die Mortadella-Scheiben verteilen und zu einer Roulade wickeln. Mit Zahnstochern feststecken, damit sie nicht aufgehen. In einem Topf 2 EL Olivenöl erhitzen, die Rouladen einlegen, ganz kurz von beiden Seiten anwärmen (nicht durchbraten) und sofort servieren.

Die Rouladen können auch kalt gegessen werden.

# Polpette Cacio e Uova – Käsebällchen mit Ei

## ZUTATEN für 4 Personen

- 250 g geriebener Hartkäse
- 50 g durchwachsener Speck
- 1/2 Bund Petersilie
- 250 g Semmelbrösel
- 6 Eier
- etwas Mehl

für die Sauce:

- 50 g durchwachsener Speck
- 1/2 Zwiebel
- 1/2 Tasse Olivenöl
- 750 ml passierte Tomaten
- 1 Prise Salz

1) Den Käse reiben, den Speck fein würfeln. Die Petersilie abspülen, abtrocknen und fein hacken. Semmelbrösel, den geriebenen Käse, den klein geschnittenen Speck und die gehackte Petersilie in eine Schüssel geben. Die Eier nach und nach zugeben und alles gut verrühren. Der Teig sollte eine fest-cremige Konsistenz haben, dass daraus Kugeln geformt werden können. Eventuell reichen weniger Eier aus. Anschließend diese Bällchen in Mehl wenden.

2) In einem Topf das Olivenöl erhitzen, den fein gewürfelten Speck und die fein gehackten Zwiebeln darin anbraten. Die passierten Tomaten mit einer Prise Salz zufügen. Die Sauce aufkochen, die Hitze reduzieren und die Bällchen hineingeben. Die Käsebällchen sollten ganz von der Sauce bedeckt sein. Das Gefäß zudecken und die Bällchen darin bei schwacher Hitze 20 Minuten köcheln lassen. Nicht umrühren. Wichtig: Den Deckel nicht abnehmen, sonst quellen die Polpette auf.

Alternativ können die Käsebällchen zusammen mit der Tomatensauce auch in einen gewässerten Tontopf („Römertopf") gegeben werden und im Backofen zubereitet werden. Dann muss das Gericht bei 175 °C ca. 30 Minuten schmoren.

# Penne con Zucchini

## ZUTATEN für 4 Personen

- Salz
- 3 Knoblauchzehen
- 2 Peperoni (nach Geschmack mild oder scharf)
- 400 g Zucchini
- 2 EL Olivenöl
- 500 g Penne oder eine andere Nudelsorte
- frisch geriebener Parmesan

1) Einen großen Topf mit gesalzenem Wasser zum Kochen bringen.

2) In der Zwischenzeit den Knoblauch schälen und fein hacken. Die Peperoni der Länge nach aufschneiden, entkernen und ebenfalls fein hacken. Die Zucchini waschen und in etwa 5 Zentimeter lange Stifte schneiden (so groß wie die Penne).

3) Olivenöl in einer Pfanne erhitzen, Knoblauch und Peperoni darin goldgelb anrösten. Wer ein weniger intensives Knoblaucharoma wünscht, gibt ungeschälte, angequetschte ganze Zehen mit in die Pfanne und nimmt sie nach dem Braten wieder heraus.

4) Zucchini in die Pfanne geben und leicht salzen.

5) Die Penne im sprudelnden Salzwasser „al dente" kochen. Währenddessen die Zucchini in der Pfanne weiterbraten, bis sie eine schöne Farbe bekommen und leicht kross sind.

6) Die Pasta abgießen, etwas vom Kochwasser zurückbehalten. Die Pasta in die Pfanne zum Gemüse geben und unterrühren. Falls es zu trocken erscheint, kann noch etwas Olivenöl oder von dem einbehaltenen Kochwasser hinzugeben werden. Nicht zu viel Flüssigkeit verwenden, damit die Penne nicht matschig werden. Eventuell etwas nachwürzen.

7) Die Penne auf Tellern verteilen und mit frisch geriebenem Parmesan bestreuen.

# Pizza Margherita

## ZUTATEN für 1 Blech

für den Teig:
- 1 kg Mehl
- 2 EL Zucker
- 1 TL Salz
- 250 ml Milch
- 1 Päckchen Hefe (Trockenhefe)
- 100 ml Olivenöl

für den Belag:
- 300 g geschälte ganze Tomaten
  (aus der Dose)
- Salz
- 4 EL Olivenöl
- etwas geriebener Parmesan
- 250 g Mozzarella
- frisches Basilikum

1) Für den Teig Mehl, Zucker und Salz vermischen. Trockenhefe in lauwarme Milch einrühren und sofort zum Mehl geben. Das Olivenöl nach und nach hinzufügen. In der Regel erübrigt sich das Einfetten des Backbleches, da der Teig viel Öl enthält. Teig ausrollen, auf ein Backblech legen.

2) Den Ofen auf 235 °C vorheizen. Die Tomaten abgießen, in eine Schüssel geben und mit einer Gabel zerdrücken. Mit Salz würzen. Die Tomaten auf dem Pizzateig verteilen und etwas Olivenöl und geriebenen Parmesan darüber geben. Im vorgeheizten Backofen bei 235 °C ca. 20 Minuten backen.

3) In der Zwischenzeit den Mozzarella in kleine, dünne Stücke schneiden und ca. 5 Minuten vor Ende der Backzeit auf der Pizza verteilen. Der Mozzarella soll verlaufen, aber nicht braun werden.

# Adressen

AFS – Interkulturelle Begegnungen Komitee Stuttgart
Regionalbüro Süd
Rotebühlstraße 63
70178 Stuttgart
Tel.: (0711) 806 07 69 10
heide.pusch@afs.org
www.afs.de

Alevitische Jugend Stuttgart
Glockenstraße 10
70376 Stuttgart
Tel.: (0711) 42 91 42
stuttgartakm@web.de
www.bdaj.de

ARCES – Verein für Freizeitgestaltung, Europa-Kulturen und Sport
Lohäckerstraße 11
70567 Stuttgart
Tel.: (0711) 719 99 96
arces-stuttgart@t-online.de
www.arces-stuttgart.de

Bosnische Jugendgruppe „Mladi Biseri"
Reuchlinstraße 7
70178 Stuttgart
Tel.: (0163) 741 62 79
mladibiseri@gmail.com
www.mladibiseri.de

Bund der Katholischen Jugend Stuttgart – KJG Stammheim
Melchiorstraße 20
70439 Stuttgart
Tel.: (0711) 80 14 14
info@kjg-stammheim.com
www.kjg-stammheim.com

Bund der Pfadfinderinnen und Pfadfinder e. V. (BdP) Stamm Feuerreiter Stuttgart
Himmerreichstraße 40/2
70195 Stuttgart
info@bdp-stuttgart.de
www.bdp-stuttgart.de

Christlicher Verein Junger Menschen (CVJM)
Büchsenstraße 37
70174 Stuttgart
Tel.: (0711) 16 25 80
info@cvjm-stuttgart.de
www.cvjm-stuttgart.de

CPA – Christliche Pfadfinderinnen und Pfadfinder der Adventjugend Stuttgart
Firnhaberstraße 7
70174 Stuttgart
Tel.: (0711) 162 90 17
adventjugend.bwv@adventisten.de
www.adventgemeinde-stuttgart.de

Deutsche Jugend in Europa – „Egerländer Sing- und Tanzkreis Stuttgart"
Schloßstraße 92
70176 Stuttgart
Tel.: (0711) 62 51 38
zentrale@djobw.de
www.djobw.de

Dialog-Forum Stuttgart
Gaisburgstraße 10 A
70182 Stuttgart
Tel. (0711) 236 42 79
dialog-forum@gmx.de
www.dialog-forum.de

Eritreische Jugend Stuttgart
Widmaierstraße 144
70567 Stuttgart
info@eritreische-jugend.de
www.eritreische-jugend.de

Evangelische Jugend Stuttgart-Wangen
Ulmer Straße 347
70327 Stuttgart
Tel.: (0711) 420 40 74
miriam.guenderoth@ejus-online.de
www.evaju-wangen.de

**Jugendgruppe „Pontiaki Estia"**
Mercedesstraße 67
70372 Stuttgart
pontiaki-estia@gmx.de
www.pontiaki-estia.de

**Jugendgruppe des kroatischen Kulturvereins „Velebit"**
Mercedesstrassse 23
70372 Stuttgart
Tel.: (0711) 500 09 16
maricaspehar@alice.de
www.velebit-ev.de

**Jugendgruppe des Sport-, Kultur- und Kunstvereins Bosnien und Herzegowina „Goldene Lilien"**
Junghansstraße 5
70469 Stuttgart
Tel.: (0711) 237 26 82
info@goldene-lilien.de
www.goldene-lilien.de

**Jugendwerk der AWO Württemberg**
Olgastraße 71
70182 Stuttgart
Tel: (0711) 52 28 41
jugendwerk@web.de
www.jugendwerk24.de

**Kreisjugendwerk der Arbeiterwohlfahrt (AWO)**
Olgastraße 63
70182 Stuttgart
Tel.: (0711) 210 61 41
jugendwerk@awo-stuttgart.de
www.awo-stuttgart.de

**KSI – Kultur- und Sozialinitiative für Kinder und Jugendliche in Stuttgart**
Johann-Schroth-Weg 4
70374 Stuttgart
Tel.: (0711) 53 65 97
info@ksi-stuttgart.de
www.dernegimiz.de

**Naturfreundejugend Stuttgart**
Neue Straße 150
70186 Stuttgart
Tel.: (0711) 420 79 85
nfj-stuttgart@t-online.de
www.naturfreunde-stuttgart.de

**ROJ – Russische Orthodoxe Jugend**
Falkertstraße 70
70176 Stuttgart
Tel.: (0711) 280 47 76
info@stuttgart-roj.de
www.stuttgart-roj.de

**Shackspace Stuttgart – der Stuttgarter Hackspace**
Innerer Nordbahnhof 12
70191 Stuttgart
info@shackspace.de
www.shackspace.de

**Skateboardmuseum Stuttgart**
2. UG Friedrichstraße 23/A
70174 Stuttgart
museum@fauxami.de
www.skateboardmuseum.de

**Trachtenjugend Stuttgart**
Witikoweg 71
70437 Stuttgart
Tel.: (0711) 84 22 43
trachtenjugend.stuttgart@arcor.de
www.trachtenjugend-stuttgart.de

**VGS – Vietnamesische Gemeinschaft in Stuttgart und Umgebung**
Kirchstraße 84
73779 Deizisau
Tel.: (07153) 288 39
nguyen-duong@arcor.de

# Rezeptregister

### Salate

### Suppen und Eintöpfe

## Hauptspeisen

## Desserts und süßes Gebäck

# Impressum

© 2010 Stadtjugendring Stuttgart e.V., Stuttgart

**Herausgeber**
Stadtjugendring Stuttgart e. V.
Rainer Mayerhoffer
Junghansstr. 5, 70469 Stuttgart
info@sjr-stuttgart.de
www.sjr-stuttgart.de

**Texte und Rezepte**
Stadtjugendring Stuttgart e. V.

**Fotografie**
Sven Daubenfeld, Aytekin Celik

**Konzeption**
Rainer Mayerhoffer, Aytekin Celik, Meral Sagdic; Stadtjugendring Stuttgart e.V.

**Projektleitung**
Aytekin Celik

**Lektorat und redaktionelle Betreuung**
Viola Pusceddu, Hampp Verlag, Stuttgart

**Layout und Umschlaggestaltung**
COMMUNICATE Werbeagentur GmbH, Stuttgart

**Satz, Repro und Herstellung**
Andreas Weise, pws Print und Werbeservice Stuttgart GmbH, Stuttgart

**Druck und Bindung**
Passavia Druckservice GmbH & Co. KG, Passau

Printed in Germany
ISBN: 978-3-942561-07-5

Informationen über weitere Bücher des Verlages erhalten Sie unter: www.hamppverlag.de